ELZA SOARES

trayectorias musicales

ELZA SOARES

ENSAYO
Sergio Cohn

ENTREVISTA
Ana Paula Simonaci
Leonardo Lichote
Paulo Almeida
Sergio Cohn (edición final)

TRAYECTORIA MUSICAL | ELZA SOARES

COORDINACIÓN EDITORIAL E DISEÑO GRÁFICO
Sergio Cohn

PROYECTO ORIGINAL
Ana Paula Simonaci | Janaína Marquesini | Leonardo Lichote
Paulo Almeida | Sergio Cohn

FOTOS
Daryan Dornelles (capa, 14); Arquivo Manchete (18, 23, 26, 31);
Arquivo O Cruzeiro (34); Acervo pessoal (40, 59); Sebastião Barbosa (51);
Sergio Cohn (64); Acervo O Globo (72)

ISBN: 978-989-35445-1-8

WWW.BRVIEW.COM

COLECTIVO EL PUENTE INVISIBLE

OCA EDITORIAL (PORTUGAL, BRASIL, ANGOLA)
ANDANTES (ESPANHA E AMERICA LATINA)
LES MOTS MOBILES (FRANÇA E BÉLGICA)
THE INVISIBLE BRIDGE (EUA, CANADÁ, INGLATERRA,
          AUSTRÁLIA E ÁFRICA DO SUL)

MÁS QUE EDITORAS, PUENTES ENTRE CULTURAS

ABRE-ALAS
Leonardo Lichote
8

ENSAYO: LLEVAR LA VIDA HACIENDO ARTE
Sergio Cohn
11

ENTREVISTA CON ELZA SOARES
Ana Paula Simonaci, Leonardo Lichote, Paulo Almeida
e Sergio Cohn
71

CRONOLOGÍA
113

REFERENCIAS BIOGRÁFICAS
117

DISCOGRAFÍA
125

trayectorias musicales

Las voces del mundo son múltiples. También lo son las formas en que los pueblos se piensan a sí mismos. Si la cultura occidental moderna ha dado prioridad a la reflexión filosófico-literaria, es decir, ha concedido un valor especial a la palabra escrita, es imposible negar el poder de la música no sólo como medio de expresión, sino también como fuente de pensamiento. Muchos países, especialmente en África y América Latina, se piensan fundamentalmente a través de la música. Pero no sólo ellos. La música ha desempeñado un papel central en los principales cambios sociales de las últimas décadas, consolidándose como un instrumento transformador de la máxima importancia.

Así, al reunir ensayos biográficos, entrevistas y discografías de grandes nombres de la música mundial, la colección Trayectorias Musicales permite conocer, de forma sabrosa, no sólo la historia de la música contemporánea, sino también importantes momentos políticos y sociales que han transformado el mundo.

Publicado por El Puente Invisible, un colectivo de editores, artistas, investigadores y traductores de diferentes lenguas y lugares - Oca (portugués), Andantes (español), Les Mots Mobiles (francés) y Backlands Press (inglés), con el objetivo de construir puentes y diálogos entre estas culturas, la colección Trayectorias Musicales pretende ser algo más que una colección de libros; busca ser un acto político de cercanía y apertura al otro, de diálogo franco y de establecimiento de relaciones entre culturas, creyendo siempre que la música es un importante vector de conocimiento, de valorización cultural y de transformación social.

Abre-alas

Elza Soares es el mejor Brasil. No el Brasil de las bellezas naturales (que ella lleva en sí), de la exuberancia de sabores (que ella tiene), de la opulencia (que ella ostenta), de la mezcla (que ella encarna). Todo esto en ella es enorme y justificaría la fundación de una nación. Pero ese no es el país del que estamos hablando.

El mejor Brasil, y el que Elza representa como tal vez ninguna otra cantante, es aquel que Caetano Veloso definió una vez en versos que hablan del samba, con la precisión sintética de un compositor popular: *"O samba e o pai do prazer / O samba é o filho da dor / O grande poder transformador"* ["El samba es el padre del placer / El samba es el hijo del dolor / El gran poder transformador"].

Elza es el Brasil que convierte el dolor en placer. El gran poder transformador. Caben en su trayectoria como cantante y como mujer dolores para muchas vidas. Hambre, racismo, ostracismo, muerte, violencia sexual, caídas literales y figuradas. Sin embargo, en sus manos, en su boca, en sus piernas, en su cuerpo, en su garganta, en su piel, en su alma, todo el dolor tiene fuerza de flor en la canción "Dura na queda"[1], compuesta para ella por Chico Buarque, quien escribe que *"para quem sabe olhar, a flor também é ferida aberta"* ["para quien sabe mirar, la flor es también una herida abierta"].

Así, en Elza (en el mejor Brasil), el hambre se transmuta en fuerza; el racismo, en una afirmación inequívoca de la grandeza negra; la cosificación, en energía sexual, moldeada por quien es el sujeto de su libido volcánica; el ostracismo, en *volta por cima*[2]; las caídas, en surcos divinos de su voz; la muerte, en eternidad. De esto –de este Brasil y de esta artista– habla esta edición de los *Cuadernos de música*.

Cada vez es más importante que nos miremos en nuestro mejor espejo. Hace casi dos décadas, poco después de verla en el escenario del espectáculo *Do cóccix até o pescoço*, Seu

1. La expresión coloquial del portugués brasileño *dura na queda* (dura en la caída) significa obstinada, porfiada, testaruda y, según el contexto, también equivale a tenaz, resistente, dura.
2. La expresión coloquial del portugués brasileño *voltar por cima* significa recuperación y reestructuración de uno mismo, ante una situación difícil.

Jorge dijo: "Esta mujer debería estudiarse en las escuelas,
es más importante que Pedro Álvares Cabral"[3]. El descu-
brimiento es siempre más grande que el descubridor, o la
tierra es siempre más grande que la persona que la invade.

Leonardo Lichote /
Periodista y crítico cultural brasileño.

3. Navegante y explorador portugués considerado el "descubridor" de Brasil.

LLEVAR LA VIDA HACIENDO ARTE

por Sergio Cohn

Me llamo Elza. Elza da Conceição Soares. Tengo 25 años. Nadie diría que tengo 25 años. Cómo no, no es para menos. Hoy soy cantante, pero antes hasta balazos me dieron. No me gusta pensar en ello.

Soy carioca, del barrio de Piedade[1], hija de una lavandera. Me casé a los 12 años. Con velo, guirnaldas y todo lo demás. No se sorprendan, pero la gente de los barrios bajos también se casa así. Madre de seis hijos, perdí dos, que murieron de hambre. Ahora tengo seis hijos. Cuatro míos y dos adoptados. Son cuatro niños y dos niñas. El mayor va a cumplir 14 años.

Aun así, vivo sola. Llevo luchando desde niña, una lucha terrible, contra todo y contra todos. A los 14 años ya trabajaba en una fábrica de jabón como obrera. Luego fui a trabajar a una fábrica de cepillos de máquina enceradora, después trabajé en otra de electrodomésticos y acabé en un hospital de locos en Engenho de

1 Piedade es una favela situada en la zona norte de Río.

Dentro, como camarera de cocina. Nunca me vendí. Siempre he gozado de muy buena salud y siempre he podido trabajar.

Así se presentó Elza Soares, en primera persona, en una declaración para la revista *Cruzeiro* en mayo de 1963. Aunque ya era una cantante consagrada, no escondía la marca del "Planeta Hambre" que la acompañaría durante toda su vida. En una carrera de más de 60 años, Elza siempre fue íntegra, entregando su voz ronca a lo que se calla, una voz abierta a la novedad y a los nuevos tiempos. Una voz que ha encantado a generaciones, pasando por nombres internacionales como Louis Armstrong, Ella Fitzgerald y Astor Piazzolla, y que la llevaría a ser elegida por la Radio BBC de Londres en 1999 como la cantante brasileña del milenio.

Elza Gomes da Conceição nació en la favela Moça Bonita, en Padre Miguel, en la zona norte de Río de Janeiro, el 23 de junio de 1937[2]. Siendo niña se fue a vivir a Água Santa, donde tuvo una infancia marcada por la extrema pobreza, pero también por la libertad, jugando en la calle. Elza era, como ella misma dice, "una diablilla". Le gustaba jugar al trompo, a las canicas, volar cometas. Como recordó décadas después en una entrevista durante la gira del espectáculo *Beba-me* [2008]:

2. Algunas fuentes sitúan la fecha de nacimiento de Elza en 1930, pero en consonancia con las fechas establecidas en su biografía autorizada, hemos optado por utilizar aquí el año de 1937.

Hasta el día de hoy me encanta volar cometas. Cuando paso en coche y veo a un niño volando una cometa, me dan ganas de pedirle que me deje volarla un poco. Tanto es así que termino mi show volando una cometa, mientras canto "Rap da Felicidadade". Nunca me gustaron los juegos de niñas; casitas, delantales, muñecas, esas cosas sin vida que no lloran, no hacen nada. Siempre pensé que las mujeres debían ser libres. Luchar, vivir, amar, ser felices y tener libertad. Desde que era una niña lo he pensado así.

Cuando, ya con más de 70 años, Elza cantó en el escenario los emblemáticos versos del funk carioca[3] *"Eu só quero ser feliz / Andar tranquilamente na favela em que eu nasci / E poder me orgulhar / E ter a consciência de que pobre tem seu lugar"* ["Solo quiero ser feliz / Andar, tranquilamente por la favela en que nací / Y poder enorgullecerme / Y tener la consciencia de que pobre tiene su lugar"], sabía de lo que hablaba. Su infancia y juventud estuvieron marcadas por la vida en la favela. Allí, la niña curiosa aprendió a cantar cargando baldes de agua: "Gracias al balde de agua descubrí mi voz ronca. Tomaba el balde y lanzaba un gemido muy ronco, entonces descubrí que podía hacer eso con la música". Y así habría seguido, de no ser por un incidente con su insecto favorito, que la llevó a un matrimonio forzado a la edad de 12 años:

3. Género de música popular de Río de Janeiro que se inspira en los ritmos de *maculelê* afrobrasileños y en una estética electrónica del tipo Miami *bass*, con letras rapeadas.

Fue algo horrible. Mi padre me obligó a casarme con Alaúrdes Soares, por una razón tonta. Siempre iba a Água Santa a llevarle el café a mi padre, a las dos de la tarde. Un día puse el termo en el suelo y me adentré en el monte para capturar una mantis. Alaúrdes me siguió, me molesté y nos peleamos a puñetazos. Mi padre no sabía por qué estábamos peleando y decidió que tenía que casarme con Alaúrdes. Pensó que él había abusado de mí. Organizó el matrimonio a la fuerza. En nuestra noche de bodas imaginé que íbamos a volar cometas, a jugar a las canicas... Y cuando vi esa cosa en pelotas frente a mí, me horroricé. Así que corrí colina abajo hasta la casa de mi padre, que vivía en el terreno de abajo. Tuve una fiebre nerviosa y aquella noche acabé durmiendo entre mi padre y mi madre. Cuando mi padre se dio cuenta de que no había tenido sexo con Alaúrdes, comprendió la estupidez que había hecho y terminó enfermándose del corazón. En cuanto a las cogidas, fueron una lata, dolorosas, un sacrificio [1997].

El matrimonio, que duró hasta que Alaúrdes murió de tuberculosis, dejándola viuda a los 21 años, legó a Elza el apellido y los hijos. Por cierto, fue a causa de un problema de salud de uno de sus hijos que comenzó su carrera musical. Era 1953 y para conseguir dinero para el tratamiento Elza decidió apuntarse al programa *Calouros em Desfile*[4], presentado por Ary Barroso, el famoso compositor de

4. Exitoso programa de talentos estrenado en la Radio Tupi, en 1937.

"Aquarela do Brasil". Elza era todavía una adolescente, pero impresionó al público con su voz. No sin antes tener que superar muchas dificultades, como ella misma cuenta:

Un día descubrí que podía cantar. Mi hijo mayor, João Carlos, se estaba muriendo y yo ya había perdido dos hijos, no quería perder otro. No tenía dinero para cuidarlo bien y escuché en la radio que el programa de talentos de Ary Barroso tenía un premio gordo que estaba acumulado. ¡No sé cómo, pero sabía que ese premio sería mío! Me inscribí y me dijeron que tenía que ir bonita. Pero no tenía ropa, ni zapatos, ¡no tenía nada! Así que tomé un traje de mi madre, que pesaba 60 kg, y me lo puse. Pero yo pesaba 32 kg, ¿te imaginas? Lo ajusté con alfileres. Está bien que ahora esté de moda, ¿no? Hoy en día, incluso Madonna los usa, pero fui yo quien empezó esta moda, ¿sabes? Alfileres en la ropa es algo muy mío, ¡es cosa de Elza!

Me puse en los pies una sandalia que solíamos llamar "mamá, estoy en la mierda" y fui. Cuando me llamaron, me levanté y entré en el escenario del auditorio. Estaba lleno. Todo el mundo empezó a reírse a carcajadas y a burlarse de mí. Don Ary me llamó y me preguntó:

–¿Qué viniste a hacer aquí?

–¡He venido a cantar!

–Dime una cosa, ¿de qué planeta vienes?

–Del mismo planeta que usted, Don Ary.

–¿Y cuál es mi planeta?

—¡El Planeta Hambre!

Entonces, todos los que se habían reído vieron que la cosa iba en serio y se sentaron muy calladitos. Canté la canción "Lama". El gong no sonó y gané, me llevé el premio y mi hijo sigue vivo hasta hoy, ¡gracias a Dios! Desde entonces, siempre llevo un alfiler conmigo.

En aquel momento pensaba que si tenía comida para mis hijos, ya no pasaría hambre. Pero el tiempo pasaba y yo seguía con hambre. Hambre de cultura, dignidad, educación, igualdad y mucho más. Me di cuenta de que el hambre solo cambia de cara, pero no termina. Siempre hay un vacío que no podemos llenar y quizás esa sea, justamente, la razón de nuestra existencia [2019].

19 | El éxito en el programa no solo permitió salvar a su hijo, sino que impulsó la carrera de Elza, que empezaría a actuar en otros programas y a atraer la atención del público. Pero más allá de los programas de auditorio, Elza también estaba logrando conquistar espacios en presentaciones en vivo, como cantante en la Orquestra de Bailes Garan, y más tarde en el teatro de revista, que tanto éxito tenía en aquella época. En este sentido, la figura de Mercedes Baptista sería central. Primera bailarina negra en formar parte del cuerpo de baile del Teatro Municipal de Río de Janeiro, Mercedes fue la creadora del *ballet* afrobrasileño, inspirado en los *terreiros*[5] de candomblé.

5. Designación dada al lugar en que se celebran algunos cultos afrobrasileños, como el candomblé.

Se conocieron en 1958, cuando Mercedes estaba montando *É tudo Juju-Fru-Fru*, un musical de la compañía de Silva Filho, en el Teatro João Caetano, en el centro de Río de Janeiro. Elza se unió al elenco de la obra y ese mismo año fue invitada a ir con el grupo, el Ballet Folclórico Mercedes Baptista, a Argentina. Fueron en barco hasta Buenos Aires. El espectáculo presentaba un programa inspirado en coreografías que representaban la cultura afrobrasileña: *cafezal*, *mondongô*, samba, *frevo*, entre otros. Elza Soares acompañó al grupo como cantante.

El espectáculo tuvo una excelente repercusión. Pero el *manager* Ramón Shelber, que había invitado al grupo a la gira, se esfumó con el dinero, dejando a Mercedes sin poder pagarle al elenco. Después de intentar conseguir ayuda de la embajada brasileña, Mercedes consiguió recursos para regresar a Brasil con el crítico teatral Paschoal Carlos Magno, pero el resto del grupo se quedó. Elza empezó entonces a cantar en clubes nocturnos para pagar sus cuentas y las de los demás músicos y bailarines. Desesperados, según cuenta ella misma, el grupo empezó a deshacerse: "Las chicas se lanzaron a la vida para tener lo suficiente para volver a Brasil".

A pesar de todas las dificultades, Elza considera que este periodo de aprendizaje en Argentina fue de gran importancia en su vida. Trabajando como *crooner* en clubes nocturnos, aprendió a interpretar varios géneros musicales, una versatilidad que la acompañaría a lo largo de toda su carrera. Además, tuvo la oportunidad de tocar con importantes músicos, como Astor Piazzolla. Según Elza, cuando lo

conoció, "se le estaba criticando mucho a Piazzolla. Estaba cambiando el tango, alejándolo de esa melancolía, estaba haciendo un tango más moderno y eso no le gustaba a la gente". El respeto y la amistad entre ellos se mantendrían. Sería el primer gran músico internacional en declararle su admiración a Elza, quien siempre mostró agradecimiento por la oportunidad que le brindó Mercedes Baptista de ir para Argentina. Fue un salto en su carrera y también una experiencia que la ayudaría a convertirse en una intérprete con un repertorio más amplio.

De vuelta en Brasil, Elza continuó presentándose en programas de auditorio:

Cuando volví tuve suerte, me invitaron a hacer un programa en Rádio Mauá, con Hélio Ricardo, en el que actuaban grandes cantantes y también otros nuevos. También tuve un programa escrito por Antônio Maria en la Rádio Mayrink Veiga. ¡Mi camino comenzó ya con suerte! Moreira da Silva me escuchó en el programa de Hélio Ricardo y le pidió ser mi padrino y llevarme al programa de Aérton Perlingeiro en la Rádio Tupi. Era un programa dominical con la orquesta del maestro Cipó. Fui allí y mi primera experiencia en ese programa fue un lujo, pero al mismo tiempo muy triste, porque me pusieron una lámina de afeitar dentro del vestido. Salí del espectáculo súper aplaudida, todo el mundo estaba muy contento, y yo aún más, porque sabía que iba a ganar algo de dinero. Ya no iba a comer más sardinas con mis hijos, las cosas estaban mejorando, y cuando volví y subí

*al autobús, un hombre me dijo que estaba sangrando. Entonces
me vio y sacó un trozo de hoja de afeitar de dentro de mi vestido.
Una cantante de Rádio Tupi, envidiosa, me lo puso entre la ropa.
Muchos años después conocí al hijo de esa cantante y se lo conté,
quedó horrorizado* [1997].

El encuentro con Moreira da Silva sería otro de los que marcaría
su vida. Encantado con la voz que escuchó en la radio, Moreira fue
a buscarla. Primero, la llevó al programa de Aérton Perlingeiro y
luego la convenció para que cantara en el club nocturno Texas Bar,
en Leme[6]. La amistad entre los dos se tornó sólida: Moreira da Silva
fue incluso el aval de la primera casa de Elza. "Se puede confiar en
este bribón", solía decir.

La temporada en el Texas Bar daría sus frutos. Elza llamó la
atención. Cada vez más músicos y productores comenzaron a acom-
pañar sus presentaciones. Aldacir Louro, compositor y promotor
de la RCA-Victor, fue el primero en intentar contratarla. Incluso la
llevó a una reunión en el sello discográfico. Pero, incluso con todo
el entusiasmo por la cantante que había descubierto, la negociación
no siguió adelante. La razón fueron los prejuicios raciales: aunque
se dieron cuenta del potencial de su voz, consideraron que una
cantante negra no era "vendible". La lucha contra el racismo sería
una compañera en la vida de Elza.

6. Barrio de la zona sur de Río de Janeiro, junto a Copacabana.

ELZA Soares,
está com
fêz vibr[...]
com o samba "N[...]
no Meu V[...]
tantos os [...]idos da b[...]
(com [...] de Didi)
que a chamad[...] Bossa Negr[...]
repetiu [...] seu sucesso.

Pero la invitación en sí misma llamó la atención de otros productores que comprendieron que había ahí un talento a ser conquistado. Una noche, durante una actuación, la cantante Sylvinha Telles al final del show se acercó a Elza y la invitó a sentarse a su mesa para charlar. Sin reconocer a la joven cantante exponente de la bossa nova, Elza se negó: "He venido a cantar, no a sentarme en la mesa de nadie". Acostumbrada a evitar el constante acoso masculino, no entendió lo que esta pequeña mujer, "con dientes de conejo", pretendía con ella. Pero Sylvinha se presentó y convenció a Elza para que se uniera al pequeño grupo que estaba sentado en una mesa al fondo del club.

Ahí estaban reunidos a algunos nombres importantes de la música, como el bossanovista Roberto Menescal y Aloysio de Oliveira, que era, además del marido de Sylvinha Telles, uno de los productores del sello Odeon. Aloysio era una figura fascinante: había formado parte del Bando da Lua, el grupo que acompañó a Carmen Miranda en su carrera estadounidense, y más tarde se convirtió en una de las figuras clave de la renovación de la música brasileña de la época, trabajando como productor para Odeon y creando después el sello discográfico Elenco, que grabó importantes discos de nombres como Vinicius de Moraes, Nara Leão, Dorival Caymmi y Edu Lobo, siempre con la emblemática portada de alto contraste, símbolo de elegancia gráfica hasta la actualidad.

Aloysio invitó a Elza a lanzar un compacto por Odeon, que fue rápidamente aceptado. La grabación tuvo lugar en un estudio lleno,

como recuerda la cantante en su hermosa biografía escrita por Zeca
Camargo:

> *Lúcio Alves estaba allí. También Sylvinha Telles, junto a su
> marido, Aloysio. Moreira da Silva me miraba de lejos, con ex-
> presión de orgullo. Incluso João Gilberto fue allí para verme, lo
> que me puso más nerviosa todavía. Parece que el propio Aloysio
> había conversado con él esa mañana, que quería que escuchara
> a una "cantante infernal" que había descubierto y que tenía todo
> lo necesario para arrasar* [2018].

Elza eligió como canción principal "Se acaso você chegasse", de
Lupicínio Rodrigues. Ella ya cantaba esta canción por las noches y
sabía que funcionaba. La grabación incluía los *scats*, las improvisa-
ciones vocales que la harían famosa, especialmente en el estribillo,
pero también durante el instrumental que ocupa casi la mitad de la
grabación de algo más de dos minutos. La canción, grabada en 1959,
se convertiría en un gran éxito.

La excelente repercusión del compacto llevó al sello discográfico
a lanzar un LP con el mismo nombre al año siguiente. En el texto
de la contraportada del disco Elza se define a sí misma, reiterando
su trayectoria: "Tengo 21 años, fui madre de seis hijos, trabajé en
algunas fábricas de jabón y canté en el pequeño club del barrio por
200 cruzeiros la noche. Si no fuera alegre, ¿qué sería de mí?".

El LP traía, además de la pista principal, canciones como "Mulata assanhada", de Ataulfo Alves, y "Samba em Copa", de Cyro Monteiro. La última canción del disco, "Não quero Mais", fue compuesta por Astor Silva, trombonista que haría los arreglos de este y los siguientes discos de Elza, *A bossa negra* (1961), *O samba é Elza Soares* (1961) y *Sambossa* (1963). En estos discos, Elza presentó una forma única de cantar. Según Tárik de Souza,

> *Elza, como las divas del* jazz, *podía convertir su voz en un instrumento –un ronco trombón hoy sustituido por una estridente guitarra eléctrica– o interpretar sus sentimientos en las letras hasta hacer reír y llorar, dependiendo del mensaje. A pesar del irresistible* swing, *el fraseo entrecortado digno de Jackson do Pandeiro, también sobresale en los temas melódicos. Tiene como matriz el vibrato doliente de Dalva de Oliveira y la aguda limpidez de Ângela Maria* [2016].

El segundo disco de Elza repitió el éxito del anterior y el título fue emblemático, idea del productor Ronaldo Bôscoli, figura central de la bossa nova. En el encarte, Elza es presentada así: "La bossa negra de Elza Soares. Elza es el morro que bajó al asfalto, llamó a la puerta del ritmo y allí decidió vivir". Como ella misma recuerda,

> *El disco nació gracias a Ronaldo Bôscoli. En aquel momento, él escribía para la revista* Cruzeiro *y pensó que yo sería una figura importante, representativa de la raza negra, y dijo: "Eso es lo que*

estoy buscando. Vas a ser la representante que hemos estado bus-cando y vamos a hacer un disco que se va a llamar A bossa negra*".
Quería transformarme en una especie de Sarah Vaughan* [2016].

En ese momento, Ronaldo Bôscoli y Elza decidieron crear una provocadora campaña que interpelase a la sociedad y cuestionase sus prejuicios:

Hacíamos varios experimentos. Ronaldo Bôscoli solía llevarme al Copacabana Palace. Se consiguió el tipo más guapo de esa época para que todos pensaran que era mi novio. Y entonces llegábamos ese negro lindo, ese tremendo negro y yo. Los dos llegábamos juntos al Copacabana Palace y nadie nos atendía, nadie se nos acercaba. Entonces la gente de la televisión aparecía para ver por qué no nos servían. Lo hicimos en el Copacabana Palace, lo hicimos en Sacha's, en el Quintandinha también. Y siempre era lo mismo, venía el mesero, pasaba, lo llamábamos y él hacía como que no nos veía. Ronaldo pensó en esa campaña para exponer el racismo que vivimos aquí en Brasil [2016].

Los primeros discos presentaban un sonido de *gafieira*[7] vigoroso, orquestado, marcado por los *scats* roncos de la cantante. Según Elza,

---

7. En Brasil, designación genérica para diversos bailes y estilos musicales populares de salón. La palabra nació del francés *gaffe* (fiasco o acto inoportuno), como una designación peyorativa de la élite para referirse a lo que sucedía en esos salones.

tenían un arreglo de orquesta de jazz, un arreglo de big band. *El otro día estaba escuchando a Frank Sinatra y me di cuenta de que los arreglos eran similares. Todos los arreglos del maestro Nelsinho en esa época tenían mucho que ver con los arreglos de Sinatra, de Nat King Cole. Pero con otra cadencia, con otro* swing, *porque tiene el quiebre rítmico del samba* [2016].

Tárik de Souza incluyó la sonoridad de Elza en el *sambalanço*, un estilo musical muy frecuente en esa época:

No todos los cambios que se produjeron en el samba, en la transición de los años cincuenta a los sesenta pueden clasificarse como bossa nova. Sin constituir un movimiento con sustancia ideológica o incluso programática, varios compositores, músicos e intérpretes transformaron el principal género brasileño en este periodo, dotándolo de mayor impacto rítmico y de una nueva estructura instrumental en un desarrollo estético que se conoció como sambalanço. Como la propia tendencia, la etiqueta difusa carece de claridad. Un rasgo común es la puntuación del piano, el órgano y los precursores de los teclados eléctricos, los vientos [...] y la marcación rítmica acentuada (a veces con acento afrocaribeño) para permitir la evolución de las parejas de baile. Además de las letras extrovertidas, exaltantes o líricas, casi siempre bien humoradas [2016b].

La relación de Elza con la bossa nova era estrecha, aunque nunca adoptara del todo el estilo. Elza llegó a grabar algunas de las canciones más famosas del movimiento, como "Dindi" y "Garota de Ipanema", y fue amiga de algunos de sus exponentes, como Tom Jobim y João Gilberto. De este último fue muy cercana: "João Gilberto, en aquella época era muy amigo mío. Iba a mi casa para ver cómo fraseaba, porque pensaba que mi fraseo era muy loco. Éramos realmente amigos. João Gilberto, Tom Jobim y yo, esta gente me quería mucho".

Con la buena respuesta de la crítica y el público a sus discos, Elza se convirtió en un fenómeno. Este reconocimiento le valió la invitación para ser madrina de la selección brasileña que ganaría el Mundial de 1962, en Chile. Cuando se presentó, cantó junto a Louis Armstrong, que acompañaba a la selección estadounidense. El gran músico de *jazz* quedó maravillado con esta chica de 1,58 metros de altura, que tenía, como él decía, "un saxofón en la garganta". Fue entonces cuando empezó a llamarla "hija".

Pero Elza, al no entender el inglés, creó una pequeña confusión: "Me llamaba *daughter* y yo pensaba que estaba diciéndome doctora, así que le mandé a decir que no era doctora en absoluto, y que me llamara Elza. Pero me dijeron que estaba diciendo que yo era como una hija para él, y que debía ser amable y decir que era *my father*. Solo que, por el sonido, pensé que me estaban diciendo que me cogiera, y me negué".

Aclarada la confusión, permaneció una admiración mutua, según Elza, marcada por la voz ronca de ambos y por la capacidad de improvisación jazzística: "Una improvisación, una cosa negra, que estaba dentro de mí incluso antes de conocer a los músicos de *jazz*". Ese mismo año, 1962, Elza conoció a Mané Garrincha, la estrella del Botafogo y de la selección brasileña de fútbol, la "alegría del pueblo". Los dos vivieron un gran romance. En una entrevista con su amigo Ronaldo Bôscoli en los años ochenta, Elza recordó la historia:

Fue un cuento de hadas. Era 1962 y había un concurso donde le regalaban un coche a la estrella más simpática de la Selección Brasileña de Fútbol. Yo fui su trampolín electoral y Garrincha ganó. Para retribuir la amabilidad, él consiguió un montón de paquetes de arroz para mi casa. Era época de racionamiento. Pero insistió en entregar la mercadería personalmente. ¡Era un acontecimiento! Frijoles y arroz por aquí, frijoles y arroz por allá, y Garrincha pasó por mi corazón como pasaba por sus rivales en el campo de fútbol. Me dejó boquiabierta... Y lo hizo de esa manera que nunca olvidaré. Nuestro romance comenzó en secreto. Él vivía un romance con Angelita Martínez y tenía mucho miedo de que se creara un escándalo. Incluso bebía muy poco. Apenas un poco de licor como aperitivo.

Era 1962, el año en que me fui a trabajar a Chile contratada por Edmundo Klinger y acabé siendo madrina de la Selección. Los dirigentes eran comprensivos y conocían el apetito sexual de

Mané. Sin mucho "plan horizontal" no rendía en el campo. ¿Puedes creer que me prometió un gol de cabeza el día de la semifinal contra Chile y lo cumplió? Aquel gol –lo comparto con Brasil– es mío… Cuando volvimos a casa teníamos algo claro: no podíamos vivir juntos. Pero la prensa nos obligó a hacerlo. ¿Te imaginas lo que es tener sexo escondido? [1985].

El amor se convertiría en un matrimonio de 17 años, marcado por idas y venidas y por el alcoholismo de Garrincha. El *crack*, que sobrio era "la figura más bella del mundo, un niño", con alcohol era otro. Pero, según Elza,

mientras la bebida no anulara a Mané, estábamos muy contentos. Era como en las películas. Nos mirábamos, fuera la hora que fuera, y tirábamos. Era un adorable escándalo. Para mí, su miedo a convivir con la gente lo llevó al alcohol. Mané siempre decía: "Prefiero los perros y los pájaros. No tienen maldad. La gente es difícil porque la gente piensa" [1985].

La relación de Elza y Garrincha comenzó de forma problemática, con muchos ataques del público y de la prensa, siempre acusándola de haberle robado a Garrincha a otra mujer, la madre de sus hijos. Elza se defendía como podía, como en su declaración a la revista *Intervalo*, en agosto de 1963:

Los ataques entristecían a la cantante, pero aun así seguía adelante y conquistaba cada vez más reconocimiento. En 1967, inició una colaboración con el cantante Miltinho, que rendiría los tres volúmenes del disco *Elza, Miltinho e samba*.

Cuando iniciaron el dúo, Miltinho ya era un cantante de éxito, habiendo participado en grupos como Anjos do Inferno (que incluso acompañó a Carmen Miranda en Estados Unidos) y Quatro Ases e Um

Coringa. Al igual que Elza, salió victorioso en el concurso de talentos de Ary Barroso con su grupo vocal Cancioneiros do Ar. Además de cantante, Miltinho era un gran ritmista. Se enorgullecía de ello: "En mi época, los *pandeiristas* no cantaban. Yo fui el primero". Miltinho se hizo famoso por su voz nasal y su fraseo particular: "Soy un ritmista. La única peculiaridad es que canto dos tiempos atrasado, la armonía va por delante. Tienes dos tiempos para cometer errores. La gente no sabe que dos tiempos en la música son eternos, se podría hasta escribir una carta". Según Martinho da Vila, su fan confeso, "Miltinho tenía mucho *swing*. Su ritmo no se aprende fácilmente. Es algo que viene de la vivencia. No tenemos hoy ningún cantante con su estilo, con esa división sincopada del samba".

La colaboración de ambos fue tan fuerte y fructífera que hacían espectáculos de hasta tres horas. Incluso, fueron premiados en un programa de la TV Record. En sus discos, hicieron deliciosas relecturas de sambas clásicos de Noel Rosa, Ismael Silva, Francisco Alves, João do Vale, entre otros grandes nombres. El dúo terminaría por el exilio de Elza, que abandonó Brasil como consecuencia de la creciente violencia de los ataques contra ella y Garrincha.

Pero, antes, Elza publicaría otro maravilloso álbum en colaboración, esta vez con el baterista y compositor Wilson das Neves. Ella recuerda [2016]:

Estábamos en Buenos Aires haciendo un show y apareció un director de la Odeon de la época y le pregunté: "Oye, ¿no quieres hacerme un regalo?". "¿Qué regalo?". "¿Puedo hacer un disco con Wilson das Neves?". "Pero nunca he visto a una cantante y a un baterista hacer un disco juntos...". "¡Pues lo verás por primera vez!". Así que llegamos a Río, elegimos el repertorio y lo grabamos. Fue un disco precioso. Parece que se hubiera acabado de grabar, sigue siendo actual. Incluso una de las canciones, "Deixa isso pra lá", podría considerarse una precursora del rap, es solo voz y batería. Y eso fue en 1968.

Elza estaba en pleno auge cuando decidió irse de Brasil. Y la vida aún le deparaba nuevas tragedias: su madre muere en un accidente de coche, que Garrincha conducía. Y los ataques contra su matrimonio se volvieron cada vez más agresivos y aterradores:

> *Recibimos repetidas amenazas. Cartas y llamadas telefónicas. O nos íbamos del país o moríamos. Nos hostigaron en nuestra casa, la ametrallaron y nos fuimos a Italia. Estaba jugando con los niños, entré y empezamos a oír disparos. El Botafogo envió a un guardia a cuidar la casa donde vivíamos en el Jardim Botânico, y le dispararon en el brazo. Estaba completamente aterrorizada por los niños. Tenía un piano en el salón, y lo partieron al medio [1997].*

A principios de la década de 1970, Elza y Garrincha decidieron efectivamente dejar el país. Elza, tras muchas reticencias, acepta las invitaciones para actuar en Italia que había recibido del productor

Franco Fontana. Se trasladaron a Roma, donde pasaron una temporada marcada por éxitos, pero también por grandes dificultades. Chico Buarque y su esposa en la época, Marieta Severo, que también vivían allí, se convirtieron no solo en buenos amigos, sino que también en un apoyo fundamental, sobre todo para Garrincha, que se resintió con el cambio de ambiente. Como recordó Chico Buarque,

Nos hicimos muy buenos amigos, nos reuníamos siempre. Obviamente, yo hablaba de fútbol y él de música. Lo mismo ocurre con Pelé, que ama la música. Garrincha era muy musical. Tuve más contacto con él en Roma. Garrincha sabía mucho más de música de lo que imaginaba antes. Le gustaba João Gilberto. Imaginaba que a Garrincha le podría haber gustado un estilo más sencillo, más ingenuo, tal vez. ¡Pero no! A Garrincha le gustaba la sofisticación de João Gilberto.

Comentaba las grabaciones, hacía referencia a detalles, recordaba cómo cantaba João Gilberto una determinada canción. Para demostrármelo, tarareaba, no muy bien, pero demostraba que se acordaba de las canciones. Se refería a la forma en que las cantaba. João es un inventor. No es un compositor. Quizá sea más que un compositor, porque inventa a partir de la música de otros. Y Garrincha hablaba exactamente de eso: de la forma de cantar de João Gilberto, como en una canción más conocida que él había reinterpretado, "Aos pés da Santa Cruz". Garrincha destacaba la forma en que João reinventaba un samba.

Yo era el chófer de Garrincha. Él jugaba al fútbol, más bien jugaba a la pelota en canchas de la periferia de Roma –a veces de forma remunerada–, y ganaba un caché. Era yo quien lo llevaba en mi Fiat. Era impresionante. La gente nos detenía en la calle. Garrincha era muy popular. Esto ocurrió en 1970. Él ya había dejado de jugar hacía algún tiempo. Habían pasado ocho años desde el Mundial de 1962, pero todavía era muy conocido en Italia [2019].

Elza debutó en Italia en el Teatro Sistina. Fue un éxito: el público llenó las 1500 butacas del teatro y quedó extasiado con el repertorio presentado. Fue solo el primero de una serie de espectáculos que encantó al público italiano:

En Roma, nos alojamos en un precioso apartamento en Vila Bevagna, cerca de Corso di Francia. Las cosas fueron yendo bien hasta 1971. Gané mucho dinero. Tenía un contrato de seis meses por 60 mil dólares con Franco Fontana, uno de los mayores empresarios italianos. Y hubo meses en los que, en las llamadas piccoli *presentaciones, ganaba casi la mitad del contrato oficial. La prensa me aclamaba y a los italianos les gustaba verme cantar samba y mostrar el meneo de la mulata. Algunos espectáculos terminaban en una fiesta, con mucha gente intentando imitar mi meneo* [1997].

Pero no solo el público quedó encantado con Elza. Ella Fitzgerald, la gran cantante de *jazz* estadounidense, sería otra de las celebridades internacionales que quedarían impresionadas con su voz. Ella estaba haciendo una gira europea con canciones de Tom Jobim cuando necesitó una sustituta y Elza fue la elegida:

> *Nos conocimos en un elegantísimo restaurante de Roma. No sé cómo no puede haber una foto de esa noche: estábamos sentados en una mesa, Ella, Jorge Ben, el Trío Mocotó, Garrincha, Franco Fontana y yo. Ella vino a verme por sugerencia de Naná Vaconcelos, que ya era un percusionista reconocido internacionalmente. Ella necesitaba hacerse una operación de cataratas y buscaba una cantante para sustituirla. Naná, que era amigo suyo, llamó y dijo que solo yo podía cantar en su lugar. Entonces le mostraron algunos de mis discos, le encantaron y quiso conocerme. Hice varios espectáculos, porque su gira estaba con la agenda llena desde el año anterior. Al principio la gente se extrañaba de no encontrar a Ella en el escenario, pero luego yo empezaba a cantar y pronto todo el mundo estaba aplaudiendo de pie. ¡Fue maravilloso! [2016].*

La estancia en Europa duró poco y el regreso a Brasil fue conflictivo. Elza quería retomar su lugar en el escenario musical, pero descubrió que tenía una fuerte competidora: Clara Nunes era la gran apuesta de Odeon en ese momento. Eso le dolió mucho a Elza, porque eran amigas. Cuando las compararon, Elza fue tajante: "Fui yo fui quien lanzó a Clara. Fui yo quien la llevó a Odeon. Vino a verme cuando llegó de Minas y quería una recomendación. Cuando la escucharon cantar, la contrataron inmediatamente. Me alegré mucho, porque era una amiga muy querida. Si alguien se parece a mí, es ella".

Este no fue el único percance que Elza experimentaría con Odeon en ese regreso de Italia. Quería hacer un disco en colaboración con un cantante que había escuchado en la radio del coche y cuya voz le había encantado, Roberto Ribeiro. Pero el sello discográfico estaba ahora en manos de tecnócratas y no de productores cultos y apasionados como antes. Cuando llegó al sello, a finales de los años cincuenta, el director era André Midani, una figura fundamental para la música brasileña, que apoyó movimientos de renovación como la bossa nova y la Tropicalia. Ahora, era una Odeon muy diferente a la que ella había ingresado: "Durante unos seis años y media docena de elepés, Odeon y yo fuimos muy felices. El maestro Astor, Ismael Côrrea, Milton Miranda, qué sé yo... Era como una gran familia". Los nuevos directores no entendían cómo Elza quería grabar con un cantante desconocido.

Elza insistió en hacer el disco con Roberto Ribeiro. La idea era renovar su imagen y su sonido. Para lograrlo, los arreglos de Dom Salvador fueron fundamentales. Uno de los fundadores del samba-funk, el pianista Dom Salvador, había grabado el año anterior, junto con su grupo Abolição, el maravilloso álbum *Som, sangue e raça*. Abrazando el proyecto, los tres crean juntos el álbum *Sangue, suor e raça*. Los discos no solo tienen similitudes en el título.

El disco comienza con "Swing negão", una llamada inicial compuesta por Elza Soares: *"Moreno vem cantar comigo / Eu fiz um samba / Para você sambar / Moreno vem cantar comigo / Eu fiz um samba / E só você pode cantar"* ["Moreno ven a cantar conmigo / Hice un samba / Para que lo sambes tú / Moreno ven a cantar conmigo / Hice un samba / Y solo lo puedes cantar tú"]. El mensaje era claro: Elza había regresado diferente de su gira internacional y estaba dispuesta a luchar. Para empezar, quería la presencia de Roberto Ribeiro no solo en el disco, sino también en la carátula. El sello discográfico se resistió. Elza recuerda:

Años más tarde, cuando hicieron un documental sobre Roberto Ribeiro, su familia vino a verme y me contó que lo último que dijo antes de morir fue "Elza me defendió". ¡Y fue exactamente así! Cuando quisieron quitarlo de la carátula, ¡rompí mi contrato delante de la dirección del sello discográfico! Su argumento era que Roberto era demasiado feo, pero yo sabía que eran prejuicios. Y luché hasta el final, porque si querían mi disco, tenía que ser con él [2016].

Elza triunfó y el disco fue un éxito. Odeon también estaba convencida de que Roberto Ribeiro sería un talento a ser trabajado, de hecho, tendría una sólida carrera con el sello discográfico durante la década de 1970. Pero el episodio provocaría la ruptura con el sello que la había abrazado casi 15 años antes. En conversación con Ronaldo Bôscoli, Elza recuerda: "Entre otras discriminaciones, me pareció que los ingleses estaban saboteando a los negros. Conmigo menos, pero con Roberto Ribeiro era un comportamiento escandaloso. Así que lo abandoné todo".

Ese mismo año se lanza *Elza pede passagem*, uno de los mejores discos de su carrera. También arreglado por Dom Salvador, el disco profundiza la imagen de Elza dentro del movimiento negro. En la portada, la cantante aparece con unos pantalones pata de elefante y un cabello afro estilo *black power*. El repertorio eran básicamente sambas, con composiciones de autores de la nueva generación, como João Nogueira, Gonzaguinha, Zé Rodrix y Luiz Carlos Sá. Aunque ya eran nombres con cierto reconocimiento, mostraban un interés constante de Elza por encontrar nuevos compositores [2016]:

Me gusta mucho lanzar nuevos compositores. Consigues que gente desconocida cante, que conozca algo nuevo y además les das la oportunidad de hacer su propio trabajo. Es cantar sin egoísmo. Siempre he tenido esta preocupación, incluso hoy. En la entrada del sello discográfico se juntaba mucha gente y me llamaban, "Elza, Elza, Elza", y no entendía por qué me jalaban para dentro, no me dejaban hablar con esas personas. Eran nuevos compositores que querían tener una oportunidad. El sello decía que no era posible, que no había caso.

Así que los invitaba a mi casa y ahí cantaban. El día de la grabación llevaba a ese grupo al estudio, decían que era mi "barco de esclavos". Era el prejuicio, siempre presente. Algo un poco extraño, "cuando Elza canta, suena como un barco de esclavos". Pero lo superé. Después de todo, yo era parte de ese barco. Luché mucho para incluir a esos compositores. Me pedían que no los tomara en cuenta, porque ya tenía un repertorio preparado, porque yo era "la Sarah Vaughan brasileña", "nuestra Ella Fitzgerald". Al principio yo decía: "¿Qué es eso?", ni siquiera sabía lo que eso significaba. Pensaba: "Hay tanta gente por ahí, falta saber cuándo voy a ser finalmente Elza". Pero lo importante era que conseguía llevar comida a mis hijos.

El nuevo sonido de Elza repercutió bien no solo en Brasil. Con un nuevo grupo, formado por músicos de primera categoría, realizó una exitosa gira por Norteamérica:

Empecé a comprender que no era solo percusión lo que yo quería. Quería algo con más requiebre, samba soul, samba jazz. Y en esta época formé un grupo con Wilson das Neves, Dom Salvador, Nizo Barroso y Geraldo Vespar. Llamé al grupo Só Som, y fuimos primero a Estados Unidos, donde me aplaudieron de pie, y cuando terminó el espectáculo en Nueva York, nos fuimos a México. Fui contactada por la secretaria de Sammy Davis Jr., que quería hacer un trabajo conmigo en Motown, el sello discográfico de los cantantes negros. Pero Odeon me lo impidió, porque todavía tenía un contrato con ellos. Volví a Brasil y Dom Salvador se quedó allá. Maravilloso [2016].

De vuelta en Brasil, Elza grabaría un disco más para Odeon, con arreglos de Laércio de Freitas, el gran pianista que trabajó con artistas como João Donato, Marcos Valle y Wilson Simonal, y entonces se cambiaría de sello. Fue contratada por Tapecar, lo que resultó no ser un buen negocio [1997]:

> *Escuché malos consejos y me fui a Tapecar. Vendía muchos discos y no ganaba nada… Mis éxitos no tenían equivalencia financiera y empecé a sobrevivir con muy pequeños espectáculos acompañada de grupos modestos. Empecé a irme cuesta abajo. Tuve un paso discreto por la CBS y mucha cama para llorar. La única razón por la que no hice una estupidez fue por mi montón de hijos y porque tenía toda una historia que revaluar.*

Por el sello discográfico Tapecar lanzó cuatro discos entre 1974 y 1977, los tres primeros con arreglos de Ed Lincoln, un músico experimentado que también trabajaba con Beth Carvalho. Considerado el "rey de los bailes", Ed Lincoln era dueño de un ritmo contagioso, lo que permitió un sonido fuerte, marcado por elementos afro.

Esta era una forma de competir con el público de Clara Nunes, que se había convertido en un gran éxito. En la portada del primer disco Elza aparece con un turbante, lo que aumenta aún más las comparaciones entre ella y Clara. Pero los discos tenían un repertorio más irregular, marcado por canciones de nuevos compositores (entre ellos Jorge Aragão, que se convertiría en amadrinado de la cantante), y aunque mantuvieron el éxito de público, alejaron a Elza de la primera línea de la música brasileña. El cuarto disco, *Pilão + Raça = Elza*, abraza el partido alto[8], y acabó teniendo poco éxito. En él, Elza se arriesga como compositora en tres canciones "Língua de pilão", "Enredo da pirraça" y "Perdão".

El final de la década de 1970 sería muy difícil para ella. Tras tener un hijo con Garrincha, decidieron separarse definitivamente:

Por desgracia, la bebida fue donde Garrincha marcó más goles, hasta su muerte. Se ponía agresivo, llegó a tal punto que tuvimos que separarnos. Incluso hasta hoy tengo marcas en mi cuerpo. Hice lo que pude. Le di un hijo varón, Garrinchinha, su pasión. Cuando me quedé embarazada le propuse un pacto, un juramento. Si nacía un hombre, nos separaríamos. Sería una forma de controlar su alcoholismo. Ya estaba cansada de esperarlo hasta la mañana para lavarle los pies y darle, en un biberón, algún caldo sustancioso. Al final de nuestra relación, él ya no comía nada. Su único apetito era el sexual… Es cierto que durante mi embarazo, esperando a Júnior, Garrincha ni miró la bebida. Parece que acumuló todo para el día del nacimiento de su hijo. Acabó ingresado en una clínica. Creo que fue la primera vez. Tres días después de mi parto llegó con un

8. Estilo de samba surgido hacia el comienzo del siglo XX dentro del proceso de modernización del samba urbano de Río de Janeiro. Tiene su origen en las *umbigadas* africanas.

ramo de flores. Más marchitas que él. Todavía estaba borracho. Me confesó llorando: "Es inútil, es más fuerte que yo. Voy a seguir tomando". Nos separamos [1997].

Los espectáculos se volvieron cada vez más escasos y la situación financiera se complicó. Los discos que lanzó en la CBS –*Senhora da Terra* (1979) y *Elza negra, negra Elza* (1980)– no tuvieron buena repercusión, aunque tenían un repertorio de calidad. En poco tiempo, Elza acabó presentándose en circos. Algo triste para alguien que había experimentado tanto éxito a nivel nacional e internacional. Pero tenía a Garrinchinha, todavía un niño, y tenía que mantenerlo. El 20 de enero de 1983, a los 49 años, Garrincha falleció. Entonces, Elza decidió abandonar su carrera y ponerse a trabajar en una guardería.

Fue entonces cuando apareció Caetano Veloso para ayudarla, como recuerda en una conversación con Ronaldo Bôscoli publicada como "A volta por cima de Elza Soares":

Un ángel llamado Caetano Veloso pasó por mi vida. Sin ninguna esperanza, fui a buscarlo a São Paulo. Fui recibida con todo cariño. "Mira, Elza –me dijo Caetano–, después de este espectáculo voy a hacer un pequeño viaje. Esta es mi dirección. Búscame". Era cierto. Me invitó y participé en una de las canciones de su nuevo disco, "Língua". Y después de esto vinieron mil entrevistas y adulaciones y fui invitada por Chico Recarey a grabar un disco y hacer un espectáculo bautizado como Exagero, por el propio Caetano.

*Estaba entera de nuevo. ¡Incluso amando! Le debo mi regreso a
ese chico bahiano llamado Caetano. Era mi oportunidad. No tenía
más tiempo que perder* [1985].

La voz áspera de Elza cantando el estribillo de la canción pronto
conquistaría una nueva legión de fans y reanimaría a viejos conocidos: "*Flor do Lácio Sambódromo Lusamérica latim em pó / O que quer
/ O que pode esta língua?*" ["Flor del Lacio Sambódromo Lusamérica
latín en polvo / ¿Qué quiere? / ¿Qué puede esta lengua?"]. Elza re-
tomó su carrera y fue contratada por el sello Som Livre para grabar
un nuevo disco. En 1985, lanzó *Somos todos iguais*, incorporando a
su repertorio canciones de autores consagrados, como João Donato
y Martinho da Vila (en la hermosa "Daquele amor, nem me fale"), y
de jóvenes artistas, como Cazuza y Frejat (en el impresionante blues
"Milagres": "*A fome está em toda parte / Mas a gente come / Levando
a vida na arte*" ["El hambre está en todas partes / Pero comemos /
Llevando la vida con arte"]. Elza compuso la pista que le da título al
disco, una salsa cubana con arreglos ochenteros. El disco incluye la
participación de Caetano en la versión del poeta concreto, Augusto
de Campos, para el clásico de Duke Elington, "Sophisticated Lady".
Era la época del rock brasileño. Bandas como Barão Vermelho,
Titãs, Ira y Paralamas do Sucesso coparon los programas de radio
y televisión. Fue la época del primer Rock in Rio, de la apertura
política que permitió una renovación alegre y despreocupada en
los modales. Elza no tardó en unirse a ese espíritu de época. Hizo

una serie de espectáculos con los Titãs en la legendaria discoteca Madame Satã, en São Paulo, bajo el nombre de *A vingança será maligna*. Apareció cantando "Milagres" en el programa de televisión *Fantástico*, junto a Cazuza. Grabó con Lobão una nueva versión de "Se acaso você chegasse". Los jóvenes estaban encantados con el vigor de aquella mujer:

> *Está loca. Recuerdo que decían en la época: "Está loca, no sé cómo lo hace, mezcla el samba con el jazz, el funk, con el rock, ¡lo mezcla todo!". Fui rockera durante un tiempo en São Paulo, en los años ochenta. Me teñí blanco el pelo, se me cayó todo al día siguiente, pero no pasaba nada. Toqué en el Madame Satã con los Titãs. Con todos los jóvenes. Cuando salí al escenario tuve que parar porque el suelo empezó a hundirse. ¡Fue una locura! [2016].*

Las cosas parecían volver a su cauce, pero la vida aún traería tristes sorpresas. En 1986, cuando Elza parecía haber renacido en la música, su hijo menor fallece en un accidente de coche. Había ido a visitar la tumba de su padre, Garrincha. Tenía nueve años. Devastada, Elza lo dejó todo y se fue a vivir al extranjero.

> *Cuando mi hijo murió, me descontrolé por completo. Dejé todo y me fui a Estados Unidos, completamente sola. Estaba muy antipática, pesada. Me pasé años viajando y nunca encontré un lugar en el que quisiera estar que no fuera Brasil. Creo que no existe*

alguien más patriota que yo. Llego a ponerme quisquillosa. Miraba la ciudad de París y decía: "No se parece a Brasil". Iba a Londres, Londres es gris. Nueva York, no me gusta [1997b].

Elza volvería a Brasil solo después de 11 años. Fue recibida con los brazos abiertos. Con un repertorio de canciones de grandes nombres de la música brasileña, como Chico Buarque, Guinga, Aldir Blanc y Nei Lopes, y con la participación especial de Zeca Pagodinho, grabó la hermosa "Trajetória". El disco trae un repertorio y unos arreglos marcados por el samba más tradicional, con Elza mostrando una interpretación madura. La respuesta de la crítica y del público es inmediata. Su carrera se reanuda en un alto nivel: retoma una intensa programación de espectáculos y es aclamada como uno de los grandes nombres de la música brasileña. En 1999, la radio de la BBC de Londres la eligió como la cantante brasileña del siglo, consolidando su importancia internacional.

Pero, ese mismo año, Elza sufrió una caída del escenario durante un espectáculo en el Teatro Metropolitan, en Río de Janeiro. Cayó desde una altura de unos dos metros, sufriendo una lesión en la espalda. Pero siguió adelante. En homenaje a la increíble resistencia de la cantante, su amigo Chico Buarque compuso "Dura na queda", que se convirtió en una de las principales canciones del repertorio de Elza:

"Perdida / Na avenida / Canta seu enredo / Fora do carnaval / Perdeu a saia / Perdeu o emprego / Desfila natural // Esquinas / Mil

buzinas / Imagina orquestras / Samba no chafariz / Viva a folia / A dor não presta / Felicidade, sim // O sol ensolará a estrada dela / A lua alumiará o mar / A vida é bela / O sol, estrada amarela / E as ondas, as ondas, as ondas, as ondas // Bambeia / Cambaleia / É dura na queda / Custa a cair em si / Largou a família / Bebeu veneno / E vai morrer de rir // Vagueia / Devaneia / Já apanhou à beça / Mas para quem sabe olhar / A flor também é / Ferida aberta / E não se vê chorar / O sol ensolará a estrada dela / A lua alumiará o mar / A vida é bela / O sol, estrada amarela / E as ondas, as ondas, as ondas, as ondas".

("Perdida / En la avenida / Canta su trama / Fuera del carnaval / Perdió la falda / Perdió el trabajo / Desfila natural // Esquinas / Mil bocinas / Imagina orquestas / Samba en la fuente / Viva el jolgorio / El dolor no es bueno / La felicidad, sí // El sol insolará y su camino / La luna alumbrará el mar / La vida es bella / El sol, camino amarillo / Y las olas, las olas, las olas, las olas // Oscila / Se tambalea / Es dura en la caída / Cuesta a caer en sí / Dejó a la familia / Bebió veneno / Y morirá de la risa // Vaguea / Devanea / Ya mucho la han golpeado / Pero para los que saben mirar / La flor también es / Herida abierta / Y no se le ve llorar / El sol insolará y su camino / La luna alumbrará el mar / La vida es bella / El sol, el camino amarillo / Y las olas, las olas, las olas, las olas".)

"Dura na queda" sería la canción de apertura del siguiente disco de Elza Soares, el extraordinario *Do cóccix até o pescoço*. Lanzado en

2002, el álbum contó con la dirección musical de José Miguel Wisnik, que, además de ser un excelente compositor, es uno de los mayores pensadores de la música brasileña en la actualidad. El disco sería un punto de inflexión en la carrera de Elza, al unir su versatilidad como intérprete con una producción de gran calidad. Wisnik contó, en esa época, cómo surgió el concepto del disco:

> *Vi un espectáculo de Elza en el Sesc Pompéia, en São Paulo, en 1997, y me quedé boquiabierto. Por supuesto que la conocía como una gran cantante, pero vi que era mucho más de lo que pensaba. Me di cuenta de su capacidad para soltarse en varios géneros, hacer fusiones, el sentido de la improvisación, el* swing, *la densidad emocional. Esto debía mostrarse. Monté un espectáculo y la invité a participar. Ella cantó canciones mías y quedamos con una cierta complicidad y ganas de hacer un disco. La línea de producción tenía que estar a la altura de la grandiosidad de la artista. Por ello lo de que cantara canciones de varios géneros, bailables y otras emotivas, antiguas o muy recientes. No tratarla como un museo del samba, sino como una cantante contemporánea* [2022].

Do cóccix até o pescoço realmente presenta a Elza en varios estilos, con una libertad que solo había encontrado antes en el álbum *Somos todos iguais*. La diferencia radica en la calidad general del disco: desde las composiciones, pasando por la producción y la interpretación madura y notable de la cantante. Se trata de una obra audaz e impecable. El disco presenta las distintas facetas de Elza, pasando de una canción sobre celos, como es "Dor de cotovelo"[9], de Caetano Veloso (*"O ciúme dói do leito à margem / Dói pra fora na paisagem / Arde ao sol do fim do dia / Corre pelas veias na ramagem / Atravessa a voz e a melodia"*) ["El celo duele del lecho a la orilla / Duele para fuera en el paisaje / Arde al sol del fin del día / Corre por las venas en el ramaje / Atraviesa la voz y la melodía"], hasta la manifestación política de "Haiti" (Caetano y Gilberto Gil) y "A carne", canción de Seu Jorge, Marcelo Yuka y Ulisses Capelletti, previamente grabada por el grupo Farofa Carioca, que se convirtió en otro hito del repertorio de Elza, con su estribillo "La carne más barata del mercado es la carne negra".

Después de este proyecto, Elza nunca volvió a ser la misma. La libertad conquistada es abrazada plenamente y la cantante, que entonces estaba a punto de cumplir 70 años, siguió reinventándose, disco tras disco, experimentando con nuevas colaboraciones y formas musicales. Si los nuevos caminos asustaron a sus oyentes más puristas, rápidamente conquistaron un espacio entre los jóvenes, situándola como una de las referencias más importantes para las nuevas generaciones. Y las provocaciones no hicieron más que aumentar con el tiempo.

En 2004, lanza un nuevo disco, *Vivo feliz*. Si en el anterior Elza ya había añadido varios ritmos, como el *funk*, el rap y la música elec-

9. *Dor de cotovelo* en el portugués brasileño más coloquial significa celos, envidia.

trónica, ahora hacía un disco de música electrónica, pero con ritmos que iban desde el *drum'n'bass* hasta el *dub* jamaicano. El repertorio incluye desde clásicos, como "Volta por cima", de Paulo Vanzolini, y "Opinião", de Zé Keti, hasta contemporáneos como "Computadores fazem arte", manifiesto *mangue beat* de Fred 04.

La producción de *Vivo feliz* quedó en manos de Arthur Joly, de Mugomango, un grupo pionero de música electrónica brasileña. El disco cuenta con invitados como Simone Soul, que en ese momento tocaba con Funk Como Le Gusta, en la regrabación de la salsa "Somos todos iguais"; el rapero francés Pyroman; y el guitarrista Zé Paulo Becker, en la hermosa grabación de "Lata d'água", la brillante composición de Elza que cierra el disco:

"O samba me mandou dizer / Que precisa de tempo pra pensar / Ou mudar a cadência do samba do morro / Ou resolverá mudar o morro de lugar // Lata d'água na cabeça / É o estandarte que representa minha arte / Jogo de cena é a fome / Negra sempre foi o meu nome / Mas digo isso porque / Tenho o samba pra me defender / E o carnaval / Ciência e filosofia / Que domina o mundo inteiro / Simplesmente em três dias".

("El samba me mandó a decir / Que necesita tiempo para pensar / O cambiar la cadencia del samba de morro / O decidirá cambiar el morro de lugar // Balde de agua en la cabeza / Es el estandarte que representa mi arte / Puesta en escena es el hambre / Negra siempre ha sido mi nombre / Pero lo digo porque / Tengo el samba

*para defenderme / Y el carnaval / Ciencia y filosofía / Que domina
el mundo entero / Simplemente en tres días".)*

En el texto de contracarátula del disco, Elza vuelve a definirse a sí
misma. Y provoca: "No tengo miedo de lanzarme al viento, aunque sé
que no tengo alas para volar. Si esto es estar loca... ¡Llámenme loca!".

Después de *Vivo feliz*, Elza pasaría 11 años sin grabar nuevos
discos de estudio. En ese intertanto, realizó espectáculos, grabó el
hermoso DVD *Beba-me*, en conmemoración de sus 70 años, y en 2009
lanzó, con el guitarrista y amigo João de Aquino, el registro en vivo
Arrepios. En él, presenta nuevas versiones de sambas caracterizados
por la guitarra afro de Aquino, con quien ya había colaborado en la
producción del disco *Elza negra, negra Elza*, en 1980.

Entre 2012 y 2014, Elza tuvo que someterse a una serie de cirugías
para resolver su problema lumbar y cervical, debido a la caída que
sufrió años antes. "En su momento no me importó, pero luego la
cosa empeoró", lamentó. A raíz de ello, empezó a dar conciertos
sentada. Pero eso no le impidió mantener el vigor y la alegría de
estar en el escenario. Y también la capacidad de sorprender: en 2015
volvió a grabar, concretando su primer disco de inéditas: *A mulher
do fim do mundo*. Y con un sonido totalmente diferente, acentuado
por el "samba sucio" de una nueva generación de músicos y compositores paulistas.

Elza confiesa que no conocía a los músicos, que venían de grupos
y colectivos como Passo Torto, Metá Metá y Clube da Encruza, antes

del proceso de producción del disco. Pero la sintonía fue inmediata. La idea surgió a partir de una participación de Elza en un espectáculo de Cacá Machado. En un principio la propuesta era reunir a una serie de músicos de la nueva generación para grabar, junto con Elza, clásicos del samba con una nueva cara.

A medida que el proyecto avanzaba, decidieron hacer un disco únicamente de canciones inéditas, creadas por compositores de la nueva generación especialmente para Elza. Se enviaron más de 50 canciones, de las que se seleccionaron 11 para componer el disco. El proceso de selección del repertorio fue íntimo y relajado: "La gente vino aquí a la casa, nos sentamos en el suelo y elegimos las canciones".

Con producción de Guilherme Kastrup, dirección artística de Rómulo Fróes y participación de músicos como Rodrigo Campos (cavaquinho, guitarra), Kiko Dinucci (guitarra eléctrica, guitarra acústica) y Marcelo Cabral (beijo, sintetizador), el disco ganó su nombre a partir del bello poema escrito en 1941 por Murilo Mendes, importante autor modernista con fuerte influencia del surrealismo:

Metade pássaro	**Mitad pájaro**
A mulher do fim do mundo	La mujer del fin del mundo
Dá de comer às roseiras,	Da de comer a los rosales,
Dá de beber às estátuas,	Da de beber a las estatuas,
Dá de sonhar aos poetas.	Da de soñar a los poetas.

A mulher do fim do mundo
Chama a luz com assobio,
Faz a virgem virar pedra,
Cura a tempestade,
Desvia o curso dos sonhos,
Escreve cartas aos rios,
Me puxa do sono eterno
Para os seus braços que cantam.

La mujer del fin del mundo
Llama a la luz con un silbido,
Convierte la virgen en piedra,
Cura la tempestad,
Cambia el curso de los sueños,
escribe cartas a los ríos,
Me arranca del sueño eterno
Para sus brazos que cantan.

El álbum comienza con Elza cantando a capela "Coração do mar", un poema de Oswald de Andrade musicalizado por José Miguel Wisnik, para seguir con la pista que da título al disco, compuesta por Alice Coutinho y Romulo Fróes, que termina con un instrumental *in crescendo* y catártico mientras Elza declara sus principios: "*Mulher do fim do mundo / Eu sou, eu vou até o fim cantar / Mulher do fim do mundo / Eu quero cantar até o fim / Me deixem cantar até o fim*" ["Mujer del fin del mundo / Yo soy, voy hasta el fin cantar / Mujer del fin del mundo / Quiero cantar hasta el fin / Déjenme cantar hasta el fin"].

La fuerza dramática de la superposición de la instrumentación sucia, llena de ruidos, y la voz ronca de la cantante es una de las características del disco, que además explora el samba-punk.

Si en *Do cóccix até o pescoço*, Elza ya se presentaba como una cantante contemporánea, en *A mulher do fim do mundo* avanza hacia la vanguardia, creando un disco que se ha convertido en una referencia de la experimentación musical actual. En ambos trabajos hay un fuerte tono político, como en las crónicas de "Maria da Vila Matilde" (Douglas Germano), que habla de la violencia contra las mujeres, "Benedita" (Celso Sim), sobre un transexual negro consumidor de pasta base, entre otras. La representación de estas canciones es cruda, sin caer en la estigmatización de sus personajes.

En su conjunto, el disco presenta una visión nada ufana de Brasil, intuyendo el clima político que tomaría la segunda mitad de los años 2010, marcado por un creciente autoritarismo, oscurantismo y el crecimiento de la miseria. Una visión pesimista explícita en la letra de "Luz vermelha", que cita en el título y en el estribillo al cineasta marginal Rogério Sganzerla y la célebre frase del personaje de Paulo Villaça en la película *O bandido da luz vermelha* (1968), "el Tercer Mundo va a estallar, quien lleve zapatos no sobrará":

"Telhado agora é porão tira de cima de mim esse pedaço de pedra / Me dá um abraço que o chão se abriu debaixo de nós e até o coxo tropeça / Bem que o palhaço falou que o laço vai se fechar e o laço sempre se fecha / Bem que o anão me contou que o mundo vai terminar num poço cheio de merda / Quem tinha tudo na mão quem não prestou atenção quem tem tamanco não sobra".

("Tejado es ahora sótano quítame este pedazo de piedra de encima / Dame un abrazo que el suelo se ha abierto debajo de nosotros y hasta el cojo tropieza / Bien dijo el payaso que el lazo se cerrará y el lazo siempre se cierra / Bien me dijo el enano que el mundo va a terminar en un pozo lleno de mierda / Quien lo tenía

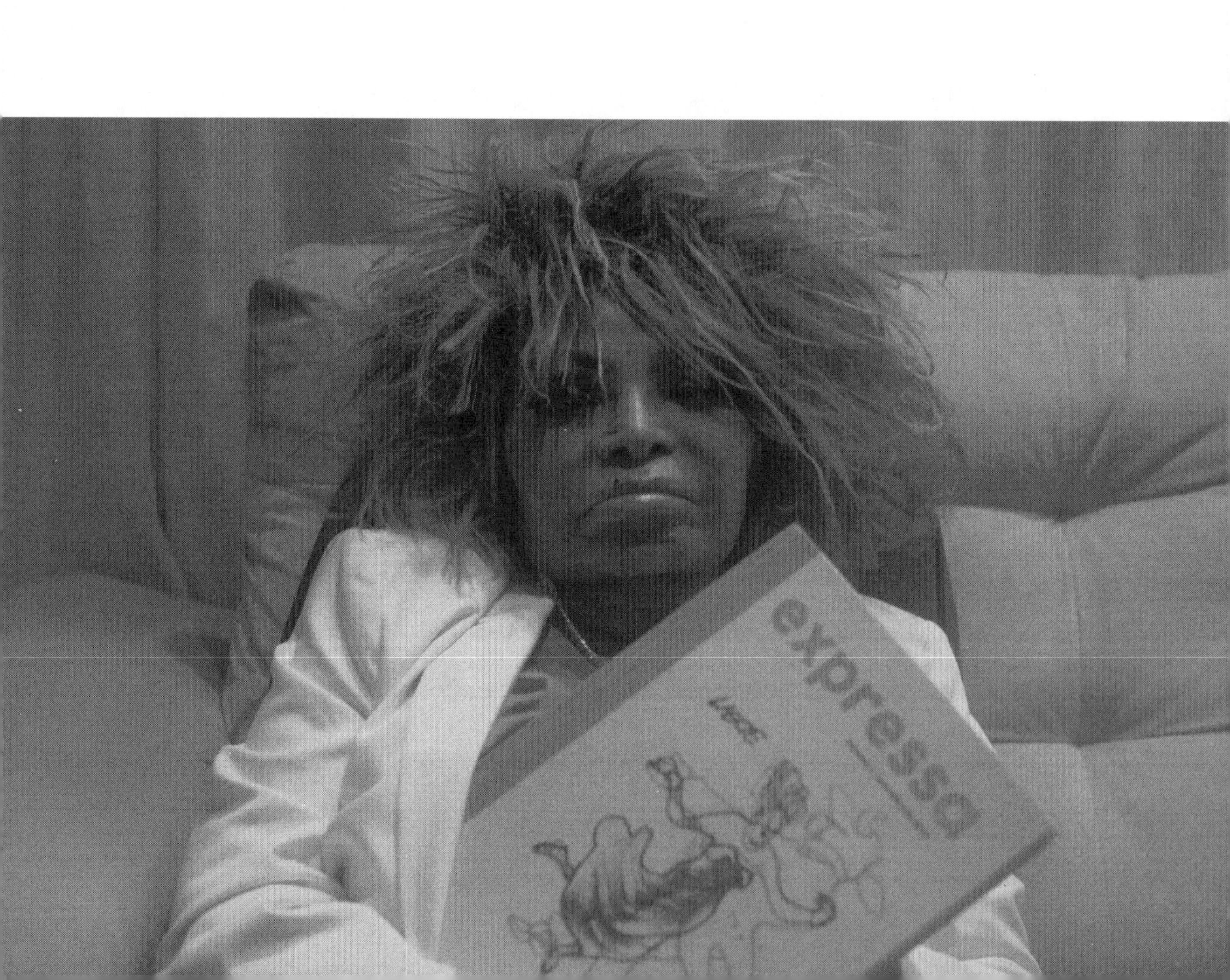
expresso

todo en la mano quien no prestó atención quien tiene zuecos no sobrará".)

A mulher do fim do mundo llamó la atención de inmediato, no solo en Brasil, sino también en el circuito internacional, recibiendo críticas elogiosas en vehículos como el *New York Times* y *Pitchfork*, que consideró al disco como uno de los mejores de 2015. El álbum también ganó el Grammy Latino de ese año. Con razón: es un registro de Elza en su mejor momento, no solo como intérprete, sino también como una activista desde el arte de una lucha política contra las desigualdades. La misma Elza indica: "Nunca he tenido miedo de defender lo que creo. Porque eso es ser mujer: defender lo que se piensa. Creo que *A mulher do fim do mundo* es la mujer que tiene alma".

La colaboración entre Elza y los músicos que trabajaron en *A mulher do fim do mundo* continuaría en el siguiente disco, *Deus é mulher*, de 2018. Mientras tanto, Elza ya había sido aclamada como un símbolo del feminismo, que había ganado un lugar importante en los últimos años de la década. Producido de nuevo por Guilherme Kastrup, esta vez en colaboración con Romulo Fróes, Kiko Dinucci, Marcelo Cabral y Rodrigo Campos, el álbum tiene un sonido más rockero que el anterior.

Comienza con la hermosa "O que se cala", de Douglas Germano: *"Mil nações moldaram minha cara / Minha voz uso pra dizer o que se cala / Ser feliz no vão, no triz, é força que me embala / O meu país é meu lugar de fala"* ["Mil naciones moldearon mi cara / Mi voz uso para decir lo que se calla / Ser feliz en el vacío, en el ápice, es fuerza que me nutre / Mi país es mi lugar del habla"]. La voz es quizás el gran tema del disco, que vuelve a aparecer en "Língua solta", compuesta por Romulo Fróes y Alice Coutinho: *"Nós não temos o mesmo sonho e opinião / Nosso eco se mistura na canção / Quero voz e quero o mesmo ar / Quero mesmo é incomodar / Tem a voz que diz que não, não pode ser / Mas eu digo sim, que sim pro que eu quiser"* ["No tenemos el mismo sueño y opinión / Nuestro eco se mezcla en la canción / Quiero voz y quiero el mismo aire / Quiero de verdad incomodar / Está la voz que dice no, no puede ser / Pero yo digo sí, sí a lo que quiera"].

Si en su anterior disco Elza ya mostraba su malestar por el fracaso del proyecto de país creado a partir de la redemocratización, en 2018 el grito fue claro, con el ascenso de la extrema derecha y el riesgo creciente de la pérdida de derechos sociales. Como dijo Elza: "El momento es propicio para el grito, por supuesto. Este grito no puede ser silenciado, se debe seguir gritando, y gritando mucho. Gritando de verdad, sin interrupción". Las cosas son puestas de forma evidente en el disco, con un claro posicionamiento de resistencia, que se convierte en un amplio libelo político, no solo feminista, sino también por el estado laico, por la libertad religiosa (en las contundentes "Credo"[10] – *"Credo, credo, sai pra lá com essa doutrinação / Credo,*

10. *Credo*, además de corresponder a una oración cristiana que comienza por la palabra latina *credo* (creo), es también en portugués una interjección que expresa repulsión, desagrado, y que podría traducirse como "Dios me libre".

credo, eu não quero medo me dando sermão" ["Dios mío, Dios mío, sal de aquí con ese adoctrinamiento / Dios mío, Dios mío, no quiero miedo dándome sermón"]– y "Exu[11] nas escolas"), por el erotismo y el derecho a una sexualidad libre ("Eu quero comer você", que hace eco de "Pra fuder"[12], del disco anterior). Es la continuidad de una postura crítica que acompañó la trayectoria de Elza:

Hablo de política desde que empecé a cantar. De ser mujer, de ser negra. De ser una mujer negra. La violencia doméstica, por mucho que se hable de ella y se intente combatir, sigue estando muy presente. Es triste que todavía exista la necesidad de hacer canciones que hablen de la violencia contra las mujeres, que es algo horrible. ¿Vamos a tener que hablar de ello toda la vida? Es un cáncer, ¿no? Hablamos de la negritud, tenemos que hablar del color de la piel, que es algo absurdo. Hay que gritar todo el tiempo, "¡mira, mira!". Como en una subasta, siempre. Y con el tiempo vemos que es importante hablar y seguir hablando. El eco está escuchándose ahora, pero el grito viene de lejos [2018b].

11. Exu es un *orixá* de la mitología de raíz yorubá, popularizada en Brasil en las religiones de matriz africana como la umbanda y el candomblé. Exu es "el que todo lo ve", "el que está en todas partes" y el principio de todo movimiento.
12. *Fuder* es la designación vulgar para la relación sexual, entendiéndose como copular, joder, follar, coger. También es utilizado como expressión para perjudicar, arruinar, ocasionar mal o sufrirlo.

Esta es una preocupación que no solo está presente en las canciones de Elza, sino en toda su postura pública. Un ejemplo de ello es la intervención de la cantante en 2018 durante una actuación en el Memorial de América Latina, en São Paulo, que demuestra no solo la valentía de Elza, sino también su atención a estos temas:

> *Recibí un homenaje en el Memorial de América Latina, en São Paulo, con una maravillosa orquesta sinfónica, la Jazz Sinfônica. Gran maestro, grandes músicos, un hermoso homenaje. En el momento en que vi la Sinfônica, sentí algo medio extraño. No vi a ningún negro. Así que pregunté, ¿dónde están mis negros? ¿Qué están haciendo? Por favor, luchen, busquen, porque ustedes también tienen derecho. De hecho, tenemos derecho. Por eso, cuando canté "la carne más barata del mercado es la negra", me aplaudieron mucho en el momento que dije que echaba de menos a un negro en esa sinfónica [2018].*

Pero no es solo en relación con la lucha negra y feminista que Elza se convirtió en un símbolo. El público LGBTQIA+, que siempre estuvo presente en su vida, la abrazó una vez más. Existe un reconocimiento de décadas de amor y consideración:

> *Te diré algo: toda mujer es un poco hombre. Todos somos un poco gays. La mujer es una líder natural, es ella quien siempre va por delante del hombre. Pero la sociedad sigue siendo muy con-*

servadora y las mujeres acaban autoreprimiéndose. A menudo me juzgan porque hago lo que quiero, en el momento que quiero. Si no fuera por esto, no sería quien soy hoy. La felicidad está ahí. Y tengo un gran afecto por los gays. Cuando perdí a mi hijo, quien me ayudó fue el mundo gay. Siempre me llaman, me incentivan. "Oye, loca, ¿para cuándo el nuevo disco?". Me llaman así. ¡Y yo soy gay realmente! Basta ver mis modos. Solo que me gustan los hombres [1997b].

No por casualidad, la humorista gráfica Laerte Coutinho fue invitada a diseñar la portada del álbum siguiente de Elza, *Planeta Fome* (2019). Laerte también se convirtió en un símbolo de la lucha LGBTQIA+ cuando se asumió como transexual en 2010. El álbum de Elza dialoga con los anteriores, pero aportando algunos cambios importantes. El productor Rafael Ramos tiene en su currículum discos con artistas como Los Hermanos, Pitty y Cachorro Grande, y está más vinculado al rock que a la música experimental. Esto queda claro en el sonido del disco, más fácil para el oyente. Por otro lado, el tono de las letras adquiere un elemento menos desesperanzador, aunque mantiene la denuncia social.

Planeta Fome abre con "Libertação", compuesta por Russo Passapusso y grabada en colaboración con BaianaSystem y Virgínia Rodrigues. El *swing* envolvente de la banda bahiana es la base de una letra de fuerte contenido político, que hace eco del lema "nadie suelta la mano de nadie", difundido en las redes sociales como forma de resistencia ante el auge del extremismo político de derecha en Brasil: *"Eu não vou sucumbir / Eu não vou sucumbir / Avisa na hora que tremer o chão / Amiga é agora, segura a minha mão"* ["No sucumbiré / No sucumbiré / Avísame cuando tiemble el suelo / Amiga, es ahora, tómame la mano"].

Como su nombre indica, *Planeta Fome* dialoga con la trayectoria de Elza. En este sentido, la referencia más contundente es la relectura de la canción "A carne", realizada por el rapero Rafael Mike en "Não está mais de graça": *"A carne mais barata do mercado não 'tá mais de graça / O que não valia nada agora vale uma tonelada"* ["La carne más barata del mercado ya no es gratis / Lo que no valía nada ahora vale una tonelada"]. Es un álbum que, aunque no tiene la misma fuerza experiencial de los discos anteriores, muestra a una artista en plena vitalidad, capaz de dar voz a temas contemporáneos y provocar como pocas. También es la consolidación de una libertad por la que Elza luchó durante tantos años, para tener pleno poder sobre lo que dice y canta:

Siempre he tenido mi propio lenguaje. Pero cuando eres una pobre chica negra que entra en una compañía discográfica queriendo cantar, estás obligada a obedecer. O cantas lo que te dan para cantar, o no te contratan. Y necesitaba ser alguien en la vida a través de mi voz. Cuando pude no obedecer más, no obedecí. Mostré lo que tenía dentro de mí. Me liberé para cantar lo que les gusta a los jóvenes, lo que me gusta a mí, cosas nue-

vas. Es muy bueno cantar con esta chiquillada, es un encuentro amoroso [2018].

Elza sigue siendo deseosa y deseada, con la fuerza inspiradora de alguien que, incluso frente a todas las dificultades, supo llevar una vida haciendo arte.

REFERÊNCIAS BIBLIOGRÁFICAS:

1962. Revista *Cruzeiro*. Rio de Janeiro, maio de 1962.

1963. Revista *Intervalo*, Rio de Janeiro, 16 de fevereiro de 1963.

1985. Bôscoli, Ronaldo. "A volta por cima de Elza Soares". Revista *Manchete*, abril de 1985.

1997. Louzeiro, José. *Elza Soares: Cantando para não enlouquecer.* Ed. Globo, Rio de Janeiro.

1997b. "Sou gay, mas gosto de homem". Entrevista com Elza Soares. Revista *Istoé*, São Paulo, 24 de setembro de 1997.

2002. Entrevista com José Miguel Wisnik por Pedro Alexandre Sanchez. *Folha de S. Paulo*, 12 de julho de 2002.

2008. Entrevista com Elza Soares, Jornal *O Globo*.

2016. Souza, Tárik de. *MPBambas - história e memórias da canção brasileira.* Ed. Kuarup, Rio de Janeiro.

2016b. Souza, Tárik de. *Sambalanço, a Bossa que dança.* Ed. Kuarup, Rio de Janeiro.

2018. Camargo, Zeca. *Elza.* Ed. Leya, São Paulo.

2018b. 2018. "Grito muito mas quero eco". Entrevista por Julia Dias Carneiro. Revista *Gelédes*, 11 de fevereiro de 2018.

2019. Postagem no Facebook, página Elza Soares, 2 de setembro de 2019.

"SIENTO FALTA DEL MAÑANA"

Entrevista con Elza Soares, por Ana Paula Simonaci, Leonardo Lichote, Paulo Almeida y Sergio Cohn, octubre de 2019.

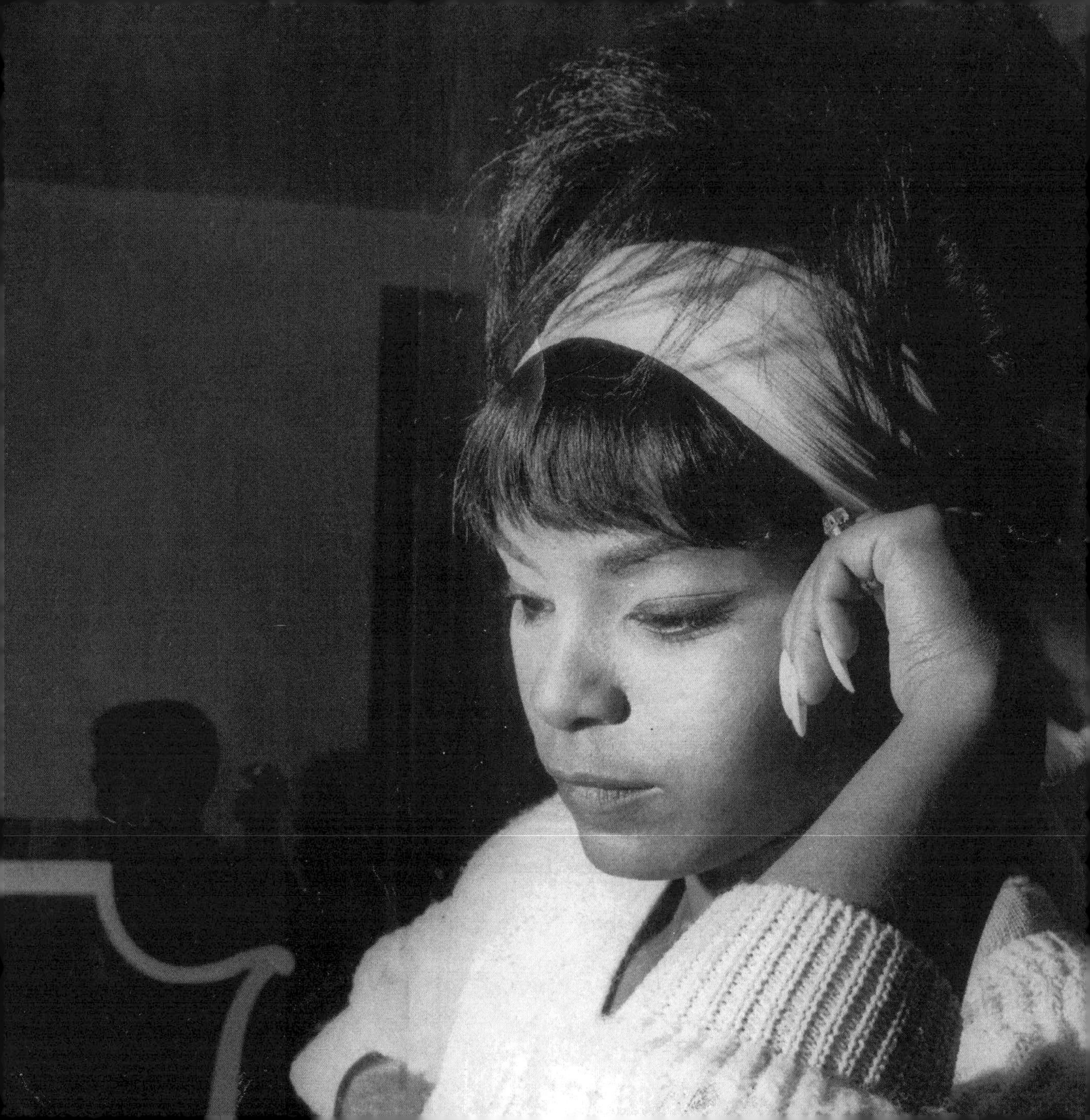

Es curioso que siempre vuelvo a algo que hice anteriormente. ¿Sabes que hay veces en las que todavía me veo cargando agua, como lo hacía en la infancia? Eso sigue en mi memoria. Aquello está tan vivo, tan presente en mi memoria, en mi cabeza, que no desaparece. A veces estoy conversando con alguien y me sorprendo pensando, de nuevo, en el balde con agua. Y me digo: "¡Pero qué locura!". El pasado realmente no se olvida. Siempre recuerdo ese lugar, ese tiempo, para no olvidar que, como siempre digo, *fome* [hambre] y fama solo tienen dos vocales de diferencia. *Fome* y fama... No puedo olvidar de dónde vengo.

Pasé mi infancia en una miseria horrible. Doña Rosária, mi madre, era lavandera. Lavaba la ropa de gente rica y yo solía ver esos hermosos vestidos y sábanas de lino. Siempre conseguía ponerme uno de esos vestidos o dormir con una sábana antes de que mi madre la devolviera a las señoras. Éramos seis hermanos, quedamos cinco. Malvina murió de debilidad por neumonía y falta de comida. No teníamos platos, comíamos en latas de pasta de guayaba, que mi padre golpeaba con un martillo en los bordes para que no nos cortáramos la mano. Ese era mi plato. Mi vaso era una lata de leche condensada. Cada uno tenía un pequeño vaso como ese. Para beber agua, café, todo. Cuando la cosa se ponía aún más difícil, me iba a la Villa Militar a recoger sobras de comida.

Pasé por muchas cosas y sufrí mucho también. Nadie se acostumbra con el sufrimiento. Pero fui aprendiendo a transformar ese sufrimiento en lecciones. Cargué muchos baldes de agua en mi cabeza y al final entendí que aquel balde de lata horroroso era una corona. Una corona linda. Elza con un balde de agua en la cabeza, mojándose el cuerpo para mostrar toda su sensualidad, ¿no?

Eras una joven atractiva.

Una chica bien loca. Y cargando ese balde de agua fui definiendo mi forma de cantar. Yo levantaba el balde y emitía un gemido, "grooou". Y pensaba: "¡Eso puede acabar en música!". Mi padre se espantaba con eso, decía que iba a acabar rompiéndome la garganta. Pero yo le respondía que no, que aquello iba a transformarse en música. Y se transformó en música, efectivamente. Comencé a cantar haciendo eso.

Así como lo hace la mantis, ¿no?

¡Sí! Me encantan las mantis. Las mantis emiten ese sonido que hace "grrrr", y que después yo empecé a usar en mi canto. Fue también inspirándome en las mantis que empecé a cantar. Yo tomaba ese bichito y me lo colocaba en el oído, para escucharlo. Me encantaba ese ruido ronco. Así que empecé a hacer ese sonido también.

**Tú te casaste por culpa
de una mantis, ¿no fue así?**

Sí. Yo era una mocosa. Vivía allá en Água Santa[1] y era horrible. Empecé a usar falda solo después de que me casé. Yo vivía arriba de los árboles, con *shorts* y suspensores. Ni sabía lo que era el sexo, me interesaba más jugar al trompo, volar cometas, jugar a la rayuela. Pero mi padre, Avelino Gomes, era un hombre muy estricto. Él fue uno de los fundadores del Partido Integralista[2]. Era músico también. Trabajaba en una cantera, pero tocaba guitarra. También llegó a ser trombonista. Tengo una foto de mi papá con un trombón en la mano.

Él trabajaba todo el día en la cantera y a las dos de la tarde yo le llevaba café y unos bollitos fritos bien aceitosos. Hasta que un día en el camino encontré una mantis, linda, y me metí

1. Barrio de la zona norte de Río de Janeiro.
2. En referencia a Ação Integralista Brasileira (1932-1937), movimiento político y social ultranacionalista, conservador, católico y de extrema derecha, inspirado en el fascismo italiano.

de rodillas entre los arbustos para poder agarrarla. Pero un chico mayor que yo me vio entrando a los arbustos y fue a ver qué estaba haciendo. Terminó asustando a la mantis, derramé el café del termo y me enfadé tanto que me peleé con él. Fue una pelea terrible, me enredé con él en medio de los arbustos, sangré y todo. Mi padre vio que me estaba atrasando, fue a ver si me había pasado algo y nos pilló a mí y al chico enroscados en medio de la mata.

En aquella época la virginidad era algo muy serio. Mi padre pensó que el chico estaba queriendo abusar de mí y nos obligó a casarnos. Pero yo aún era virgen. Acabé casándome a los doce años, por culpa de una mantis. Pero, incluso con todo eso, continúo amando a las mantis.

| 76

¿Y cómo fue el casamiento?

La boda fue preciosa, con velo, guirnalda y todo. Pero nuestra relación era muy difícil. En aquella época, solo quería jugar a las canicas y estar en la calle. Pero el chico con el que me casé venía y rompía mis cometas, destruía mis trompos de madera que tanto me gustaban. Destruyó todos mis juegos de infancia. Y así es como entré en la adolescencia. Mi marido solo sabía hacer hijos. No le daba mucha importancia. También trabajaba en la cantera y le acabó dando tuberculosis, lo que hizo mi vida aún más difícil. Me dejó viuda antes de los 21 años.

Sí, desde muy joven tuve que mantener a mis hijos, así que trabajé. Entré a trabajar en la fábrica de jabón Véritas, en Engenho de Dentro[3]. Mi salario era una miseria, pero no podía hacer horas extra para conseguir más dinero porque no tenía con quién dejar a mi hijo, João Carlos. Luego fui a trabajar al hospicio de Engenho de Dentro, como copera. Me despidieron de la fábrica porque a la hora del almuerzo me ponía a cantar y la gente venía a escucharme. Mi jefe se enfurecía. Siempre he cantado. Creo que nací cantando. José Louzeiro escribió un libro sobre mí hace unos 20 años, titulado *Cantando para não enlouquecer*. El título es mío. Es una frase que he dicho varias veces, que cantar para mí es como un buen remedio. Si no cantara, me moriría.

Empecé a cantar en público en el programa de televisión de Ary Barroso, *Calouros em desfile*. Fui porque necesitaba conseguir dinero para cuidar a mi hijo, que tenía problemas de salud. Tuve que convencer a Samuel Rosenberg, que era el encargado de la inscripción de los participantes, para que me dejara cantar, porque era muy joven todavía. Tuve que explicarle que realmente necesitaba ese dinero. Pero luego hubo

3. Barrio de la zona norte de Río de Janeiro.

otro problema. Era una adolescente muy delgada y no tenía
ropa para actuar. Así que cogí una de las faldas de mi madre,
que resultó ser enorme. La sujeté con unos alfileres y me hice
una coleta en el pelo. La única forma de ocultar los paños era
usar alfileres. Cuando subí al escenario, todos se rieron. Pero
no me importaba, solo quería cantar. No me importaron las
bromas del público ni el estilo de Ary Barroso, que también
me preguntó riendo: "¿De qué planeta eres, hija mía?". Le
contesté: "Del Planeta Hambre, Sr. Ary".

Desde entonces los alfileres me han acompañado. Estarán
siempre presentes. La ropa para el show del último Rock in
Rio era un overol con alfileres. Es siempre lo mismo: para no
olvidar de dónde vengo.

Ahí en el programa de Ary Barroso
ganaste algo de dinero…

Sí, algo, que me sirvió para salvar a mi hijo. El premio se
había acumulado, por lo que era un buen dinero para la época.
Pero había un problema, porque el espectáculo era el sábado
y el premio no se pagaba hasta el miércoles, y yo no lo sabía.
Necesitaba el dinero esa misma noche, para poder volver a
casa. Era tarde y solo tenía dinero para el transporte público,
pero ¿cómo iba a subir la colina con esa ropa por la noche?
Así que tuve que coger un taxi por primera vez en mi vida. Sin

dinero. Por suerte el conductor aceptó que pagara después, cuando fuera a recoger el premio.

¿Y cuál fue tu primera oportunidad profesional para cantar?

Mi hermano estudiaba en una escuela de música en Méier[4], con el profesor Joaquim Negli. Fui allí porque necesitaban una cantante. Sabía que si iba a la audición podría aprobar. Fui allí, entre tantas chicas, todas ricas, bonitas, blancas, maravillosas. ¿Y me vas a creer que gané la vacante? El profesor incluso me dio un vestido, porque yo no tenía ropa. Inclusive mandó a hacer un vestido para que me lo pusiera la noche en la que tenía que cantar con la Orquesta del Bailes Garan. Era un vestido de tul, blanco. Me sentí como una bailarina. La Orquesta hacía muchos eventos y yo siempre los acompañaba. Pero a veces no podía subir al escenario porque había clubes racistas y no aceptaban una mujer negra como cantante.

¿Y cuál era el repertorio de la orquesta?

Ah, tocábamos mucho samba, samba-canción[5]...

4. Barrio de la zona norte de Río de Janeiro.
5. El samba-canción es un subgénero más lento y lírico del samba, muy influenciado por el bolero y popularizado por los cantantes radiofónicos brasileños de los años 1940.

Elza, ¿tú sueñas mucho?

¡Claro, sueño mucho!

*¿Y cómo te ves en esos sueños? ¿Estás en el lugar
de tus orígenes? ¿Estás como ahora? ¿Con qué
sueñas?*

Es curioso, pero nunca estoy en el presente. Me hiciste recordar algo interesante. Nunca estoy en el presente. Siempre estoy en algún lugar, pero no en el presente. Sueño mucho con mi familia. Cosas que viví. Cantando, conversando. Converso mucho con mi hijo que perdí, ¿no? Casi todas las noches sueño con Gilson, que murió hace algunos años. Converso mucho con él. Lo recuerdo trayéndome pan para comer. Mi hijo partió, pero está presente todas las noches en mis sueños.

*¿Cómo te relacionas con eso
en términos espirituales?*

Pasé por todas las religiones en busca de protección. Me gustó la filosofía budista, por ejemplo. Pero soy católica. Y todo católico es un poco espiritista. Tal vez sea más espiritista que otra cosa. Creo que no podemos ser simplemente algo que viene al mundo y luego se va, como si nada. Creo que el espíritu sigue vivo. No es posible, presta atención a lo que dices: ¿estás hablando contigo mismo o es otra persona la que habla contigo, ayudándote? Siento que hay algo. Todo es muy curioso. El habla...

¿Y el canto?

El canto también. En mi canto hay mucho de don Avelino, mi padre. Yo siento muy presente a mi papá, lo adoro. Entonces para todo lo que voy a hacer, llamo a don Avelino. Después de que mi padre partió, volví de Argentina muy mal. Mi carrera prácticamente comenzó en Buenos Aires. Fui con Mercedes Baptista a Buenos Aires como cantante. Necesitaban una cantante negra con algo de expresión corporal. Así que conocí Buenos Aires antes de saber dónde quedaban Ipanema y Leblon. Recuerdo que Mercedes me puso una sola condición, me dijo: "Hija mía, yo te saqué de ahí abajo, si nos avergüenzas te mando de vuelta en un carguero". Pero no fue necesario, me convertí en la atracción del espectáculo. Pasé un año en Argentina, volví cuando mi padre murió. Y ya era hora, porque los niños, que se quedaron con mi madre, ya me echaban de menos.

En Argentina tuvimos un problema muy grande con los *managers*. Como siempre en mi vida, los *managers* fueron un problema. Cuando volví, soñé que mi padre me decía que iba a tener un futuro muy bueno cantando. Me pidió que le cantara "Ave Maria do morro". Es como si lo estuviera viendo ahora: yo cantando para mi padre, le faltaba el aire, pero iba mejorando, poco a poco. Canté "Ave Maria do morro" y me dijo: "Hija, no estés triste, tu vida será difícil, pero tendrás un futuro muy bueno". Y lo que dijo en ese momento está sucediendo ahora. Vi a don Avelino...

¿Cómo fue la experiencia en Argentina?

Cuando empecé a viajar por el mundo haciendo shows, descubrí que era eso a lo que me quería dedicar. Pero la experiencia en Argentina fue dura, fue cruel con Mercedes Baptista. Ella también fue estafada por su *manager*. Tuvimos que quedarnos allí y yo cantaba para conseguir sustentar al grupo. Cantaba por las noches en el Teatro Astral, el club nocturno de Piazzolla, y también en otros clubes para tener dinero para mantener a los que se quedaron. Mercedes Baptista volvió a Brasil, pero nosotros nos quedamos. Nadie tenía dinero para volver, ¿sabes?

Pasamos por muchas dificultades, pero también fue una experiencia muy importante para mi vida. Canté mucho en Argentina. Canté con Astor Piazzolla. Me hice muy amiga suya. Él fue muy amable cuando lo necesité en Buenos Aires. Y tocar en clubes nocturnos fue muy importante para mí, porque me enseñó a cantar de todo. Allí aprendí a ser *crooner*. Y si eres *crooner*, tienes que saber cantar cualquier estilo: samba, bolero, tango. Hay que saber cantar todo. Vals, mambo, chá-chá-chá. Aprendí a cantar incluso *blues* y *jazz*, lo que fue muy importante cuando sustituí a Ella Fitzgerald, años después, ya en Italia.

Me fui muy joven a Argentina y allí conocí otro mundo. Vi que la gente no comía en latas, sino con platos, tenedores y cuchillos. Eso yo ya lo conocía, porque mi madre, cuando entregaba la ropa que lavaba, las señoras le preguntaban si ya había comido y ella decía que sí, pero yo respondía que no. Y entonces nos llevaban comida. Y la comida venía en un plato, con su tenedorcito y un cuchillo. Mi madre nos decía que teníamos que dejar un poco de comida en el plato. Teníamos que dejar un trocito de carne en la esquina del plato, algo que nunca veíamos en casa, porque era educación dejar un poco de comida. Justamente lo más sabroso. Y así es como me han educado. Esta es Elza.

¿Cómo se dio la historia de sustituir a Ella Fitzgerald?

Ella necesitaba a alguien que la reemplazara porque la habían operado de cataratas. Estaba haciendo "Ella canta a Tom Jobim". Y entonces Naná Vasconcelos me recomendó. En ese momento, yo vivía en Italia. Así que preparamos una hermosa mesa, una gran cena. Yo, Ella, Jorge Ben, el Trío Mocotó y Mané. Una noche inolvidable. Entonces, la suerte llegó hasta mí. Elza y Ella, ¡qué dupla!

También conocí a Oscar Peterson. Me senté prácticamente al lado de él. Y él encantado, porque me había visto cantando en el teatro, me dijo: "¡Qué voz!". Y yo no entendía nada de lo que me decía. Pero también estaba Frank, que era el *manager*, y él iba traduciendo. Oscar Peterson estaba muy impresionado, porque yo era muy menudita. Pero aun siendo delgadita, bajita, chiquitita, ¡la rompía!

**Hay un disco tuyo con Jorge Benjor
en vivo en Italia...**

¡Adoro a Ben Ben, hombre! Cuando llegó a Roma fue genial. Solo que él le tiene mucho miedo a las tormentas. A Jorge Ben le asustan las tormentas, ¿sabían? Si se escucha un trueno, no esperen nada de él, él no va a ir.

¿A qué le tienes miedo tú, Elza?

Al miedo. Tengo miedo del miedo. Si se presenta, no sé qué voy a hacer con él. Hasta ahora enfrenté todo. Creo que tengo miedo del miedo.

*¿Qué música siempre te
gustó escuchar?*

Después de que pasé a entender bien cómo eran las cosas, comencé a escuchar Chet Baker. Hasta el día de hoy es mi pasión.

¿Por qué? ¿Qué ves en su música?

Hombre, es como si él llorase la música con su trompeta. Es un lamento. Eso me hace bien. Adoro Chet Baker. Me apasiona. Cuando empecé a escucharlo más y a conocer su historia, incluso me enfadé un poco con Miles Davis, porque estaban peleados, ¿sabías? También me gusta Miles Davis, pero Chet Baker entró en mi corazón de una manera increíble.

Tú fuiste crooner *aquí en
Río también, ¿verdad?*

Sí, tuve mucha suerte de trabajar como *crooner* en clubes nocturnos no solo en Argentina, sino también aquí en Río. El Texas Bar, en Leme, fue realmente una escuela para mí. Fue Moreira da Silva quien me llevó a cantar ahí. Hice todas las audiciones que pude para que mi voz funcionara. Donde había audición, allá iba yo y me presentaba. Y en una de ellas conocí a Moreira da Silva. Había ido a hacer un programa dominical en la TV Tupi con el maestro Cipó. Moreira da Silva quedó encantado con la ronquera de mi voz y me preguntó: "Hija mía, ¿no te interesa cantar en la noche?". Le pregunté qué era "cantar en la noche", y me contestó que era cantar en un club nocturno. Y yo dije: "Ni siquiera sé lo que es un club nocturno". Pero acepté y me presentó a Aérton Perlingeiro, que tenía el Texas Bar. Fui, hice la audición, aprobé y canté en el club. Y gané bien, para alguien que nunca había ganado nada: 8000 cruzeiros...

¿Cómo era ese ambiente?
¿Había mucho asedio?

Mucho. ¡Sufrí mucho asedio, madre mía! Es que yo no daba mucha confianza. Quedé viuda muy temprano, con mis hijos, y tenía mucho miedo también por mi madre, ¿sabes? Ella cuidaba a mis hijos. Pero nos las arreglábamos. Yo iba para cantar y no para "ser cantada", ¡discúlpenme!

¿Te divertías en el escenario?

¡Me divierto mucho hasta el día de hoy! Cada vez que subo al escenario, me siento lo máximo. He nacido para el escenario. Sin el escenario no soy nada, soy otra persona, soy apenas Elza

Gomes da Conceição, no Elza Soares. Ahora, cuando subo al escenario me siento de maravilla. ¡Me siento la mujer negra más deliciosa, la más seductora!

***¿Cómo eran los músicos
que te acompañaban en la época?***

En aquella época había muy buenos músicos. Como hoy, de hecho. Y tuve la suerte de cantar con algunos de los mejores. Recuerdo a Lúcio Alves, João Gilberto. Lúcio Alves era el rey de la improvisación, de vocalizar en medio de la canción. Era maravilloso. Y João fue un gran amigo, de verdad. Solía ir a la casa, sentarse allí con su guitarra, cantando. Estaba casado con Astrud y ella me decía que le avisara cuando João llegara a mi casa, pero João me pedía que dijera que no estaba ahí. Así que ella llamaba y yo decía: "No está aquí, ¿vale, querida? Y por el "vale" ella ya entendía que sí que estaba.

João Gilberto fue un gran amigo. Lo echo mucho de menos. Lo conocí bien al inicio, bien jovencito. Estuvo en mi famosa tarde en el Odeon[6]. Él, Lúcio Alves, y un buen grupo. Ronaldo Bôscoli escribió una vez que yo había tenido una aventura con João. ¡Mentira! Era mi mejor amigo y si hubiera salido con él habría estado traicionando no solo a Astrud, sino también a Milton Banana. Con Milton, sí, tuve una aventura. Milton era genial. Tuve mucha suerte con los Milton en mi vida: Milton

Banana, Milton Miranda, Miltinho. Miltinho, con quien hice un dúo, era maravilloso. Tenía ritmo hasta en la oreja…

En aquella época conviví con todos esos músicos fantásticos, muchos de los cuales estaban iniciando la bossa nova. Y por supuesto que ellos intentaban seducirme. Tom Jobim, por ejemplo, estaba loco por mí. Pero yo me hacía la desentendida, lo que realmente me interesaba era poder comprar leche para los niños.

**Tú conociste a Lupicínio en
el club nocturno, ¿no es así?**

Mira, el problema es que me incomodaba bastante cantar por la noche, porque no sabía cómo lidiar con ese mundo de los clubes nocturnos, con el acoso y todo lo demás. Así que a veces metía la pata. Con Lupicínio me pasó. Estaba cantando en el club y vi a un hombre sentado, todo de blanco, con un ramo de rosas. No dejaba de mirarme. Me puse nerviosa, pensé que era otro más que me iba a acosar. Y entonces, cuando terminó la presentación, se acercó a mí y me dijo: "Disculpe, traigo rosas para otra rosa". Y yo, que había estado frunciendo el ceño todo el tiempo, le dije: "¡No me llamo Rosa y no me gustan las rosas!". Y entonces respondió: "Sé que te llamas Elza. Yo soy Lupicínio Rodrigues, el autor de 'Se acaso você chegasse'", que fue una canción suya que grabé y que estaba siendo un éxito. Se me cayó la cara, intenté remediarlo, pero no sirvió de mucho. Fue una situación incómoda, pero acabamos siendo bastante amigos después.

Y no fue la única metedura de pata allí en el club. Incluso antes de esta historia, recuerdo que una noche estaba allí y una joven pasó bailando a mi lado. Yo ya estaba cansada de ser acosada por los hombres y, de repente, aparece esta mujer a mi lado, bailando. ¡Me pareció muy extraño! Luego me invitó a sentarme en su mesa cuando terminé de cantar. Respondí que me habían contratado para cantar, no para sentarme en la mesa de nadie. ¡Entonces se presentó y dijo que era Sylvinha Telles! Y bromeó diciendo que yo parecía un animal, de tan dura que era. Ella estaba casada con Aloysio de Oliveira, que era productor musical. En la mesa también estaban Lúcio Alves, Roberto Menescal y un directivo de Odeon. Así es como llegué a firmar con la Odeon. Me estaba yendo muy bien en el club, cada vez atraía más público, y esto llamó la atención de la compañía. La fama es como un rumor: corre rápido.

Tuve mucha suerte de conocer a las cantantes de éxito de la época, que me ayudaron mucho en ese momento. Llegué a usar una blusa roja de Sylvinha en la portada de mi primer LP, justamente ese de la canción de Lupicínio Rodrigues, "Se acaso você chegasse". Ângela Maria también me ayudó mucho con la ropa, me dio muchos vestidos para que pudiera usar en los shows...

¿Cómo fue tu casamiento con Garrincha?

Conocí a Garrincha gracias a un Simca Chambord, ¿puedes creerlo? Vino a mi casa a pedir apoyo para un concurso que estaban haciendo, creo que era para elegir al jugador más popular de Río. El ganador recibiría un Simca Chambord, que era un coche de lujo. Yo apenas sabía quién era, pero él ya me conocía. Yo ya era la Elza Soares contratada por la Odeon. Vino a mi casa con Nilton Santos para pedirme apoyo en el concurso. Estaba preocupado, porque era un concurso difícil, estaba compitiendo con Bellini, por ejemplo. Se suponía que yo tenía que vender unos boletos de rifa, pero como no sabía cómo hacerlo, decidí comprarlos todos. Nos enamoramos y estuvimos juntos durante 17 años. Yo estuve muy enamorada de él. Cuando estaba sobrio, Garrincha era la cosa más linda del mundo. Era como un niño tierno. Pero bebía todos los días. Terminaba bebiendo hasta caerse. Era triste.

Y también fuimos muy atacados. Había mucha maldad contra nosotros. Me acusaron de haberle robado a Garrincha a otra mujer, porque él estaba casado y ya tenía siete hijos. Empezamos a recibir amenazas una y otra vez, por carta, por teléfono. Nos dijeron que nos matarían si no abandonábamos el país. Ahí vimos que no era broma. Después ametrallaron nuestra casa y decidimos irnos. Me expulsaron del país, prácticamente. Tuve que irme. Me fui a Italia con Mané, porque

necesitaba salir. No tenía otro lugar donde vivir. Nos fuimos
a Roma.

**En Roma tuviste mucho contacto
con Chico Buarque, que también
estaba viviendo allá, ¿no?**

Sí, Chico fue mi gran amigo. Siento una verdadera pasión
por Chico Buarque. En esa época estaba casado con Marieta
Severo. Ellos fueron mis grandes amigos allí. Y también de
Mané. Si Mané tuvo un gran amigo allí en Roma, ese fue Chico.
Si no hubiera tenido a Chico, no habría soportado quedarse.
¡Imagina andar en Roma como pájaro enjaulado! ¡¿Cómo vas
a andar relajado, de pantalones cortos?! Imposible, ¿verdad?
Porque así era la vida de Mané aquí en Brasil. Me pareció que
estaba bien castigado. Entonces, salían los dos con Chico, y
listo. Chico no dejaba solo a Mané. Lo cuidó mucho. Chico lo
es todo, ¿no?

Mi relación con Mané fue muy difícil. Había mucho dolor.
A veces el dolor era aún más fuerte que... ¡No! El amor era
mucho más fuerte, porque el amor ayudaba a combatir el dolor. Si no hubiera sido por el amor, no hubiéramos aguantado.
Hubo un gran amor entre nosotros que consiguió vencer la
batalla. Porque fue una batalla y fue violenta. ¡Qué batalla!
¡Qué batalla! Y en esa época también sufrí muchos ataques de

mujeres. Es importante llamar la atención sobre esto: hasta entonces las mujeres no eran amigas de las mujeres. No había amistad, porque se pensaba que las mujeres eran falsas. Pero esto ha cambiado. Hoy los trabajos que hago son enalteciendo a las mujeres, que ocupan un lugar destacado en mí. Porque estamos viendo la necesidad de la amistad femenina.

Tú nutriste y fuiste bastante nutrida por el actual movimiento feminista...

Mucho. Yo nací feminista, ¿sabes? Porque me cuestioné mucho: "Dios, ¿por qué me pones a cargar baldes de agua? Dios, ¿por qué me haces pasar hambre? Dios, ¿por qué has herido el pie de mi madre? Dios, ¿por qué vivimos en una choza de madera, con techo de zinc, que hace tanto ruido cuando llueve? Siempre me cuestionaba. Los porqués de mi vida siempre los he llamado Dios. Por eso digo que Dios es una mujer, porque al final descubrí que siempre estuvo de mi lado. Y con todo este cuestionamiento, terminé llegando adonde llegué, logrando muchas cosas.

¿Cuáles fueron las grandes mujeres de tu vida?

Mi madre. Mi madre fue una gran mujer de mi vida. Hoy en día también está mi nieta, Vanessa, que también es una gran mujer de mi vida. Pero la gran mujer de mi vida fue mi madre, doña Rosária.

¿Cómo la recuerdas?

Pobrecita, sufrió mucho. Mi madre fue una mujer que sufrió mucho. Se le cayó una lata sobre la pierna y le reventó una várice. Nunca pudo cicatrizar, porque decían que si cicatrizaba, se moría. Así que se pasó toda la vida con esa cicatriz en la pierna, lavando la ropa, lavando mucho, cargando mucha agua. Ay, no… Doña Rosária era una santa.

**¿Tú pensabas que tu vida iba a ser así también
cuando veías todo eso?**

No. Yo le decía: "Mamá, no quiero esta vida para mí". Y ella se asustaba, ¿no? "¿Cómo no quieres esta vida? ¿Qué tipo de vida quieres?". Yo le decía: "Una vida mejor. Quiero tener platos, tenedores, sábanas". Las cosas mínimas. Lo que no tenía era lo que quería. No quería tener hambre nunca más. No lo quería ni para mí, ni para mis hijos. ¡Por eso fui una luchadora, hombre! Luché y no fue fácil.

¿El hambre está presente en tu canto?

El hambre está ahí, en todo. El hambre está siempre presente. Actualmente yo digo que la gente tiene hambre de salud, respeto, credibilidad. Nadie cree más en Brasil. Yo tengo hambre de eso, ¿sabes? Hambre de cultura. Esa juventud desamparada. Todo eso es hambre.

**¿Qué sentiste cuando viste
el musical Elza[7]?**

Me emocioné mucho. Lloré. Llegué a preguntarme cómo puede una persona pasar por todo eso y luego llegar a ver su historia en el escenario. ¡Esa soy yo, gente! Esa soy yo. Lloré mucho. Pasé por muchas cosas en la vida, sin términos medios. Hablando de hambre... Hablar del hambre es normal, pero pasar hambre eso sí que es duro. Conozco muy bien el hambre. Fue mi compañera muchas veces, la maldita hambre. Era mi compañera, mi amiga, mi hermana. Fue todo eso. Por eso que el Planeta Hambre está siempre presente.

**Cuando volviste a Brasil y te separaste de
Garrincha, pasaste por una fase muy dura**

7. Estrenado en 2018, dirigido por Duda Maia, con libreto de Vinícius Calderoni.

*de ostracismo. ¿Hubo algún momento en que
pensaste en no seguir con tu carrera?*

No. Nunca pensé en eso. Siempre pienso que las cosas se van a solucionar. Quizás el momento en que estuve más cerca de pensar eso fue justo antes de grabar "Língua", con Caetano Veloso. Caetano es otra persona a la que quiero mucho. Estaba pensando en dejar de cantar e ir a trabajar a un orfanato. Tenía a mi Garrinchinha, que aún era muy pequeño. Necesitaba alimentar a mi hijo y con la música no ganaba nada. Así que dije: "Voy a dejar de cantar y trabajar en lo que pueda. Así al menos tendré dinero para la comida. Yo como, mi hijo come…". Pero me dijeron que buscara a Caetano. Y fui. Cuando Caetano me vio, le dije: "He venido a despedirme de ti, porque he dejado de cantar". Y él respondió: "¡Pero si no has parado! Una abeja reina no puede abandonar su colmena". Le dije: "Pero no soy una abeja reina". Y dijo: "Claro que sí. Solo que no te das cuenta. Hasta hoy no has entendido tu rol. Vuelve a casa que yo te voy a ir a buscar".

Llegué a casa y me preguntó qué estaba haciendo en São Paulo. Le dije que había trabajado en el circo, que había cantado en muchos lugares para poder sobrevivir. Luego volví a Río con mi hijo. Había un espectáculo en el Teatro João Caetano en aquella época llamado *Seis e meia*. Lo dirigía Albino Pinheiro y él me invitó a participar. Cuando llegué, vi colas y colas para verme a mí. Tuve que hacer dos funciones. Así que un día estaba allí, sonó el teléfono, y era Caetano diciéndome que no saliera del teatro, que le esperara, que venía a buscarme. Me pregunté por qué iba a recogerme. No olvidó su promesa y me llevó a grabar "Língua" con él. Fue una grabación hermosa, con mucha fuerza. Por eso digo que la suerte siempre está de mi lado. Como decía mi amigo Wilson das Neves: "¡Oh, suerte!".

Y "Língua" es casi un rap, ¿no?

Sí. *"Gosto de sentir a minha língua roçar a língua de Luiz de Camões"* ["Me gusta sentir mi lengua rozando la lengua de Luiz de Camões"]. Genial, ¿no? *"Flor do Lácio Sambódromo Lusamérica Latim em pó. O que quer. O que pode esta língua?"* ["Flor del Lácio Sambódromo Lusamérica Latín en polvo. ¿Qué es lo que quiere, lo que puede esta lengua?"].

**Tú siempre tuviste un oído atento
a la música nueva que estaba surgiendo...**

Coiertamente. Creo que para ser un cantante, un intérprete, no puedes ser etiquetado. Tienes que cantar de todo. ¿No cantas? Entonces canta lo que se te ocurra. Siempre he pensado así. No soy un refresco para tener una etiqueta. ¡Cantemos las cosas que queramos! Yo he grabado de todo. Mi vida es muy loca, gente. Muy loca.

**Elza, aunque hayas vivido afuera,
¿sientes amor por Brasil?**

Mucho. Recuerdo cuando con Mané decidimos volver a Brasil. ¡Hombre, no existe lugar más lindo, más maravilloso que Brasil! Yo he viajado mucho y lo puedo decir: no existe un lugar igual.

**Hoy en día tú vives en Copacabana, frente al mar.
Tú podrías vivir en cualquier lugar del mundo,
¿por qué elegiste Copacabana?**

¡Porque me encanta! ¡Amo este lugar! Yo andaba mucho por aquí cuando iba a cantar al Texas Bar. Fue en esa época que conocí Copacabana y descubrí que era lindo. Esos coches abiertos, esas mujeres estilosas... Todos estilosos. Copacabana era muy iluminada. Actualmente está medio triste, ya no se siente aquella alegría que conocí. Pero sigue siendo Copacabana. Me gusta. ¡Me encanta todo esto!

**¿Tú estás un poco en contra de
esa idea de salir de Brasil,**

de ir a vivir afuera? ¿Lo ves
como un error?

Ah, sí, mucho. Porque hoy Brasil nos necesita a todos. Necesita un regazo. Abandonar Brasil ahora creo que es un crimen. ¡Por favor, quedémonos aquí! Somos hijos de esta tierra, nuestros padres necesitan nuestra ayuda. Este Río de Janeiro, ¡mira cómo está arruinado! Las calles están muy abandonadas. Y nadie hace nada. Es como si pusieran tranquilizantes en el agua que la gente toma. Todo el mundo está dormido. ¡Nadie hace nada por nada!

Tú has dicho que la voz es un arma
y una bendición, y tú la cuidas
mucho también…

Ah, sí. La cuido. No fumo, no bebo. Tengo miedo. Porque es un regalo, ¿no? Y también es mi futuro, está aquí, en mi garganta. Mi voz. No puedo no cuidar un regalo tan divino. Cuido mi garganta dejándola sosegada. Converso con ella, me calmo. Voy al médico para ver si está todo bien, si está rosada, linda, maravillosa. No la castigo con cigarrillos, ni con bebidas, porque creo que eso sería un crimen. Dios me dio este regalo. Es un regalo al que le tengo mucho cariño. El otro día fui al médico y me dijo que mi garganta está tan clara, tan rosada, que es increíble. Que es la garganta de una mujer de veinte y pocos años.

¿Fue siempre así? ¿Siempre tuviste conciencia de ello?

Siempre. Porque ¿qué otra cosa podría tener, a no ser mi voz? No tuve la oportunidad de ir a buenas universidades, no tenía dinero para educación. Ah, bueno, ¡sí que fui a la universidad! Fui a la universidad allí en Bangu[8]. Pero me decepcioné el primer día de clases. Llegué allí y los chicos salieron del aula a fumar, porque no les gustaba el profesor. Eso es lo que vemos hoy en día: ya no respetan a los profesores. Qué pena, qué falta de respeto a los profesores. Si yo estoy hablando hoy aquí algo, esto se lo debo a mis profesores.

¿A qué carrera entraste?

A Derecho. Me matriculé Derecho porque el Grande Otelo me decía que tenía que ser abogada para defender a los negros. Me dijo: "Mira, *nega*, tienes que ser abogada, porque como abogada negra podrás defender a tus hermanos". Pero yo no quería eso. Si es para defender a mis hermanos, ya lo hago sin

8. Barrio de la zona oeste de Río de Janeiro.

ser abogada, con mi voz. Y hoy en día soy doctora. ¡Doctora Honoris Causa! Esto lo logré por mi trayectoria. Peleando, luchando, creyendo. Llegué hasta aquí y espero llegar un poco más lejos todavía.

¿Sientes que te falta algo por hacer?
¿Cuál es tu meta hoy?

Cuando estás vivo, te falta todo. Si estás vivo, quieres cosas. Tengo mucha curiosidad. Creo que aún me queda mucho por ver. Van a venir muchas cosas. ¿No llegó en un determinado momento el computador, el celular? ¿No llegó acaso el futuro? Este futuro que ha estropeado tanto el pasado… Otras cosas vendrán y cuando lleguen yo quiero estar presente para decir: "¡Hey, y aquí estoy yo!".

¿Y has pensado en qué sucederá
cuando ya no estés más aquí?

Ah, no. No estoy para perder mi tiempo. *My name is now.*

Vinicius de Moraes tiene un verso
que dice: "Meu tempo é quando"
["Mi tempo es cuando"]…

¡Mi tiempo es cuando! Genial. Sabemos que llegará un momento en que ya no estemos aquí. Pero, ¿por qué seguir hablando de ello? El momento llegará, luego lo viviremos. Todavía no. Vamos paso a paso. *My name is now*. Yo soy ahora. Conozco tan bien el pasado que quiero ser el ahora. Y este ahora será el pasado después. No pienso, no planifico mucho. Si me quedo parada pensando en el mañana, estaré muy en el ayer. Y no siento falta del ayer. Siento falta del mañana que no conozco. He sido muy bendecida, las cosas vienen a mí. Y hay algo muy bonito, que es ver pasar el tiempo. Saber que estás en el presente, viviéndolo. Algunas personas ni siquiera notan el paso del tiempo, pero es bueno vivir y saber que se ha vivido mucho. Muchas cosas diferentes.

Tú siempre te rodeaste de personas jóvenes, ¿no?

Sí, me gusta. Pedro Loureiro, por ejemplo. Peleo con él para que se quite la barba, para que quede con esa cara de niño que tiene, tan bonita. Me gusta sin barba. Porque mientras estás con esa cara de niño, ¿para qué parecer más viejo? Va a llegar un momento en que vas a querer tener cara de niño y eso ya no va a ser posible. Será tarde. Lo que pasó pasó.

¿Aprendes con los jóvenes?

Aprendo mucho. Y no enseño nada. Solo aprendo con esa juventud linda, maravillosa, vigorosa. Pero sin barba, ¿no?

En los últimos años grabaste discos de canciones inéditas, de compositores jóvenes, como es el caso de A mulher do fim do mundo. _¿Cómo surgieron estos proyectos?_

Mira, *A mulher do fim do mundo* surgió de un espectáculo de Cacá Machado. Empezamos a conversar sobre hacer un disco mío, pero sin hablar mucho todavía de cómo sería. La primera idea fue hacer un disco de canciones tradicionales con arreglos modernos, con esta patota maravillosa de músicos jóvenes. Pero entonces Guilherme Kastrup tuvo la idea de hacer un disco de canciones inéditas, compuestas especialmente para el proyecto. ¡Y fue hermoso! Fue un éxito entre los jóvenes. Luego pasamos a hacer otros discos, como *Deus é mulher* y *Planeta Fome*.

¿Tú aún compones?

Sí, pero hay muchas composiciones en las que llamé a Pedro para que las trabajáramos juntos. Hay muchas cosas por ahí. ¿No es así, Pedro? [dirigiéndose a Pedro, que está presente en la entrevista]

[Pedro Loureiro] Es impresionante. Siempre estamos viajando y hay un hecho importante: Elza ni bebe ni fuma. Su diversión es ir, después del hotel, a comer un queso brie con mermelada de damasco y tomar un café o un café con leche. Y en esas oportunidades ella siempre dice cosas. Se tumba en la cama y sigue diciendo cosas y luego las apunto en un cuaderno. Pero también hay cuadernos que escribió ella misma. Un día me dijo: "Pedro, siéntate aquí para que podamos hablar". Luego me pasó dos cuadernos para que los leyera. No sabía lo que era. Me conmovió tanto que llegué a sentirme mal.

[Elza Soares] Porque yo siempre escribí mucho.

[Pedro Loureiro] Ustedes no creerían las cosas que hay en esos cuadernos. ¡Hay que publicarlas! Son increíbles. Los pensamientos, las letras, las memorias. Es fantástico, porque incluso está anotada la receta de *omelett* que le preparaba a Garrincha, y está escrita junto con una canción y un pensamiento sobre la vida. Hay mucha energía en estos cuadernos. Se pueden apreciar dos o tres décadas de Elza. Hay unas hojas bien envejecidas. Después de leer un poco, dije: "Espera, no puedo, no tengo cuerpo para esto", y los cerré.

[Elza Soares] En ese último disco, hay una historia muy bonita con un compositor nuevo, Rafael Mike. Porque él hizo una canción que empezaba con *"A carne mais barata do mercado agora está de graça"* ["La carne más barata del mercado es ahora gratis"]. Basándose en aquella canción de Marcelo Yuka y Seu Jorge que grabé en *Do cóccix até o pescoço*, "A carne mais barata do mercado é a carne negra" ["La carne más barata del mercado es la carne negra"]. Y entonces pedí hablar con el compositor de la canción, y le dije: "Oye, no es así: *a carne mais barata não está mais de graça* [la carne más barata ya no es gratis]". Y la canción seguía preguntando: *"O que valia um quilo agora vale uma tonelada?"* ["¿Lo que valía un kilo ahora vale una tonelada?"]. Lo cambié por *"o que não valia nada agora vale uma tonelada"* ["lo que no valía nada ahora vale una tonelada"]. Porque la cosa es: ¡lo que no valía nada, ahora está valiendo mucho!

Yo misma, que durante un tiempo no valía nada, hoy valgo una tonelada. Incluso cuando estaba un poco más olvidada, sin poder hacer un espectáculo, era consciente de que no estaba valiendo nada por alguna razón. Así que me puse a buscar algo para poder valer. Entonces, le pedí permiso al compositor para retocar un poco la letra. Y la historia de Mike conmigo es muy fuerte. Su padre fue mi baterista. Y él no lo sabía. Él fue adoptado a los dos años. Entregaron a Mike a una familia italiana. Y creció queriendo saber quiénes eran sus verdaderos padres. No tenía ninguna información.

Empezó a buscar a sus padres biológicos y consiguió encontrar a su madre, que vive en Foz do Iguaçu. Pero quería continuar averiguando quién era su padre, y ella le dijo que ya había fallecido. Estuvo un tiempo muy triste, porque realmente quería conocerlo. Y, además, fue muy difícil para él el encuentro con su madre, porque era una mujer desconocida. Ni siquiera sabía cómo llamarla. Hasta que ella le dijo que su padre se llamaba Batista, y que había sido el baterista de Elza Soares. Y entonces él quería contármelo, pero no sabía cómo. Un día vino y me preguntó si conocía a algún Batista. Le dije que sí, que había sido mi batería. Entonces sonrió y me di cuenta de que la sonrisa era idéntica a la de su padre. La boca era idéntica.

No sé si es el destino, pero algo espiritual hay. Muy fuerte. Mira: el hijo de Batista terminó siendo compositor de la Elza Soares, grabando en mi disco. Tremendo, ¿no? Es una historia fantástica.

**¿Cuál fue tu gran noche
musical sobre el escenario?
¿Hay alguna que te
haya marcado más?**

Mira, cada noche que subo al escenario para mí es una noche especial. Pienso así: "Esta noche es mía". Así que creo que todas las noches son especiales. Salgo al escenario con tanta ilusión, con tantas ganas, con tantas ganas de hacer, que cada noche se convierte en la noche. Ahora estoy deseando ver este nuevo trabajo. Estoy ansiosa por comenzar la gira...

Siempre trabajaste muy bien
el vestuario de tus espectáculos,
¿no es así? Recuerdo el espectáculo
Do cóccix até o pescoço, *la espalda*
al descubierto y esos tacones tan altos...

¡Tacones de 15 centímetros! Quedaba como una tremenda mujer. Y cuando me los quitaba... ¿dónde está esa mujer?, ¿dónde se metió?

Pero el escenario es eso, ¿no? Esa fantasía...

El escenario es para crecer. Yo crezco en el escenario. Incluso al día de hoy crezco en el escenario, después de haberme operado dos veces de la columna. Me operaron de la cervical y la lumbar, me pusieron unos tornillos, por la caída que sufrí en el escenario del Teatro Metropolitan, en 1999. Fue una gran caída, de más de dos metros. Pero me caí, me levanté, me sacudí el polvo y aquí estoy...

¿Sientes muchos dolores, Elza?

A veces siento. Pero sé lidiar con eso, aguanto. Aguanto mi dolor. Soy resistente.

Una vez José Miguel Wisnik, hablando de ti, dijo: "Elza no hace drama. De hecho, Zé Celso suele decir que el drama es burgués y la tragedia es universal. La tragedia y el carnaval surgen de la misma fuente, son dos ritos de Dionisio. Y Elza bebe de esta fuente".

Zé Miguel es un lindo ser humano. Adoro su sensibilidad, su capacidad de ser un intelectual que habla el lenguaje del pueblo. Cuando trabajamos juntos, me mostró que podía atreverme a más, a jugar con mi voz. Fue muy importante en ese momento de mi carrera, cuando hice *Do cóccix até o pescoço*. Por cierto, ¿sabes cómo íbamos a ponerle al disco? *Foda-se* ["Que se joda"]. Pero entonces decidimos cambiar el nombre porque nadie iba a entrar en una tienda y decir: "¿Tiene el *Foda-se*, de Elza Soares?".

Elza, ¿entre todas las canciones que grabaste tienes alguna que sea tu favorita?

"Meu guri" fue una canción muy fuerte. La canción de Chico Buarque. Pasé un tiempo saboreando esta canción de una manera que ni siquiera puedo explicar. Pasé mucho tiempo cantando y llorando. Pensaba: "Dios mío, tengo que parar de llorar. ¿Voy a cantar esta canción toda mi vida y siempre voy a llorar?... No es posible". "Meu guri" fue una de esas canciones que realmente me conmovieron.

¿Porque comienzas a pensar en tu vida?

Porque ves que Chico escribió "Meu guri" como si fuera un niño de allí mismo. ¿Cómo consiguió escribir "Meu guri"? *"Quando seu moço nasceu meu rebento não era o momento dele rebentar / Já foi nascendo com cara de fome, eu não tinha nem nome pra lhe dar / Como fui levando não sei lhe explicar, fui assim levando ele a me levar / E na sua meninice ele um dia me disse que chegava lá / Olha aí, olha aí, olha aí, o meu guri"* ["Cuando, tan joven, nació mi crío no era el momento para criar / Ya nació con cara de hambre, ni siquiera tenía un nombre para a él dar / Cómo lo tomé no sé explicar, solo lo fui llevando para él me llevar / Y en su pequeñez un día me dijo que llegaba hasta allá / Míralo, míralo, míralo, a mi chiquillo"]. ¡Es muy fuerte! Ese es Chico Buarque de Holanda, mi gente. Le dicen que se vaya a Cuba[9], pero, Chico, no te vayas a Cuba, por favor, mi amor. ¡Quédate aquí!

9. Un eslogan común de la derecha en Brasil utilizado para atacar a los críticos sociales percibidos como izquierdistas o "marxistas".

**Él está pasando una temporada
en París, ¿no? Para escribir
un libro…**

Él tiene un departamento allá, ¿no? Nos encontrábamos siempre en alguna esquina allá en París, cuando viví allí un tiempo. Me encontraba de frente con él: "Oh, tú aquí…". Chico, yo sé que las cosas están muy difíciles, pero no abandones Brasil, por favor. Si te vas de Brasil, ¿¡qué voy a hacer yo!?

**¿Te asusta la situación
política en Brasil?**

¡Esa gripe es una desgracia! Te digo que tenemos una gripe loca. Tenemos que tener cuidado para que no pase a neumonía, ¿verdad? Llegó poco a poco. ¿Viste lo que pasó con la censura de los libros en la Bienal[10]? Pero la reacción fue bonita, la gente lo frenó en su momento y dijo: "¡No!". La gente está callada, pero en el momento en que abra la boca… No podemos permitir que vuelva la censura, el autoritarismo. Tenemos que luchar, ¿no es así?

10. En 2019, el alcalde evangélico de Río de Janeiro intentó que se retirara de la Bienal del Libro una novela gráfica en que aparecían dos personajes hombres besándose.

Mira, hasta el día de hoy no me veo como un gran artista, una gran estrella. Sigo viéndome como una persona, como un ser humano. Esto de ser una gran estrella me asusta mucho. ¡Pero me asusta de verdad! ¿Sabes? No creo que seamos grandes en absoluto. Somos apenas nosotros mismos. Cuando Ary Barroso dijo que estaba naciendo una estrella en el escenario, me asustó mucho. Empecé a mirar hacia arriba para ver qué clase de estrella era esa que nacía de la nada. Me gusta mi simplicidad, gente. Me encanta este lado sencillo de mí.

¿Pero no te agrada sentir
la grandeza de esa estrella?
¿Darte cuenta de cómo ella toca
y emociona a las personas?

Sí, pero no puedo dejar de ser yo, con mi simplicidad, para ponerme en el papel de esa gran estrella. Si no, ¿cómo consigo vivir?

Tu disco más reciente comienza
con la frase "eu não vou
sucumbir" ["no voy a sucumbir"].

***Tú eres resistente,
¿no es así, Elza?***

¡Sí! ¡Y estoy agradecida por todo lo que he vivido! Tuve que pasar por muchos sacrificios para luego experimentar la recompensa. Como mi voz. *"Minha voz, uso para dizer o que se cala"* ["Mi voz, la uso para decir lo que se calla"]. Siempre pensé que mi voz sería mi medio de subsistencia, que sería mi vida, mi trabajo. Siempre pensé que mi voz lo sería todo. Siempre hay una recompensa.

Y mis piernas. Esas piernas que se han moldeado de tanto subir y bajar colinas. Sé que mis piernas... siempre tuve buenas piernas, que me llevaban a los lugares, a los sitios donde pasaban las cosas. Pero no sé cómo explicarlo. Siempre me pregunto por qué sucedió todo lo que sucedió, pero hasta ahora no puedo explicar cómo llegué hasta aquí. Todo indicaba que no podía conseguirlo: mujer, negra, pobre. Todo estaba en mi contra. Pero lo conseguí.

CRONOLOGÍA

1937 Elza Gomes da Conceição nace el 23 de junio en Río de Janeiro.

1949 El padre de Elza, Avelino Gomes, la obliga a casarse con Alaúrdes Soares tras un incidente con una mantis.

1953 Actúa por primera vez en el programa de radio de Ary Barroso *Calouros em desfile*, donde lanza su icónica frase: "Vengo del Planeta Hambre".

1958 La bailarina y coreógrafa afrobrasileña Mercedes Baptista invita a Elza a unirse a una serie de espectáculos en Argentina. Elza perfecciona su arte como *crooner* en los clubes nocturnos de Buenos Aires, donde conoce al compositor Astor Piazzolla.

1959 Graba su primer álbum compacto para Odeon, con la canción "Se acaso você chegasse", de Lupicínio Rodrigues.

1960 Graba su primer LP completo para Odeon con el mismo nombre, *Se acaso você chegasse*.

1962 Viaja a Chile para actuar como "madrina" de la selección brasileña de fútbol durante el Mundial de 1962, conoce a Louis Armstrong y se enamora del astro del fútbol Mané Garrincha (Manoel Francisco dos Santos).

1966 Elza y Garrincha se casan.

1967 Publica el álbum pionero de tres volúmenes *Elza, Miltinho e Samba*, con el percusionista y cantante Miltinho.

1970 Elza y Garrincha abandonan Brasil para instalarse en Italia, donde es invitada a sustituir a Ella Fitzgerald en su gira "Ella canta Tom Jobim".

1972   Elza publica el álbum *Samba, suor e raça* en Odeon con el pianista
Dom Salvador y Roberto Ribeiro. Elza lucha con la discográfica
para dar mayores oportunidades a los artistas afrobrasileños.

1974   Elza abandona Odeon y realiza la primera de
sus tres grabaciones para Tapecar.

1977   Elza y Garrincha se separan.

1979   Graba dos álbumes sin éxito comercial para la CBS.

1983   Muere Garrincha. Elza decide abandonar la profesión
artística, pero es convencida para grabar la canción
"Língua" para el álbum *Velô*, de Caetano Veloso,
allanando el camino para su posterior regreso.

1985   Elza graba *Somos todos iguais* para Som Livre, con
la participación especial de Cazuza y otras estrellas
de la nueva escena del rock brasileño.

1986   El hijo menor de Elza muere en un accidente de coche. Elza decide
abandonar Brasil, residiendo durante un tiempo en Los Ángeles.

1997   Elza regresa a Brasil y graba el álbum *Trajetória*, con la
participación especial del ícono del samba Zeca Pagodinho.

1999   La rádio BBC de Londres la elige como la "cantante del milenio".
Elza sufre una compresión medular al caerse del escenario del
Teatro Metropolitan de Río.

2002   Elza lanza el ambicioso álbum *Do cóccix até o pescoço*,
producido por el compositor e intelectual José Wisnik.

2004   Elza lanza *Vivo feliz*, un álbum que se adentra en la electrónica.

2015   Elza lanza el álbum altamente experimental, *Mulher do fim do mundo*. Con composiciones originales y producido por Guilherme Kastrup, el álbum gana el Grammy Latino al Mejor Álbum de MPB al año siguiente.

2018   Elza lanza *Deus é mulher*, posicionando aún más los temas feministas en su música a medida que el movimiento de mujeres toma protagonismo en la sociedad brasileña.

2019   Elza lanza su último álbum, *Planeta Fome*, con portada diseñada por la ícono LGBTQIA+, la cartunista Laerte Coutinho.

2022   20 de enero, Elza fallece en Río de Janeiro.

REFERENCIAS BIOGRÁFICAS

Aldir Blanc
(1946-2020). Compositor, cronista y médico carioca. Llegó a componer más de 600 canciones, muchas de ellas en colaboración con el músico João Bosco. Entre ellas destaca la clásica "O bêbado e a equilibrista". Sus crónicas fueron compiladas en libros como *Rua dos artistas e arredores* y *Porta de tinturaria*.

Alice Coutinho
(1985). Artista y compositora pernambucana. Colaboró en el álbum de Elza Soares *Mullher do fim do mundo*.

Aloysio de Oliveira
(1914-1995). Compositor, cantante, locutor y productor musical carioca. Fue director artístico del sello Odeon. Fue también una figura clave en la internacionalización de la carrera de Carmen Miranda.

Ângela Maria
(1929-2018). Cantante y actriz fluminense, figura icónica del género samba-canción. Fue electa "reina de la radio" en 1954.

Antônio Maria
(1921-1964). Comentarista deportivo, cronista y compositor pernambucano. Compuso junto con Luís Bonfá el éxito "Manhã de carnaval".

Arthur Joly
(s. f.). Productor musical y exponente de la música electrónica brasileña.

Ary Barroso
(1903-1964). Compositor mineiro, figura fundamental de la música popular brasileña. Entre sus composiciones, destacan "Na baixa do sapateiro", "No tabuleiro da baiana" y "Aquarela do Brasil", con la que inauguró el género conocido como samba-exaltación. Estuvo nominado al Oscar por su canción "Rio de Janeiro", compuesta para la película *Brazil* (1944, Joseph Stanley).

Astor Piazzolla
(1921-1992). Compositor y bandoneonista argentino, considerado el gran renovador del tango.

Astor Silva
(1922-1968). Trombonista y compositor brasileño.

Ataulfo Alves
(1909-1969). Compositor y cantante mineiro de samba. Sus composiciones fueron interpretadas por Carmen Miranda, Clara Nunes, Quarteto em Cy, entre otros.

Augusto de Campos
(1930). Poeta y traductor, uno de los creadores de la poesía concreta.

Beth Carvalho
(1946-2019). Cantante, instrumentista y compositora carioca de los géneros samba y *pagode*. Es popularmente conocida como la "madrina del samba".

Cacá Machado
(1976). Compositor, instrumentista, académico, historiador y productor de música popular brasileña.

Caetano Veloso
(1942). Músico bahiano, considerado uno de los más influyentes artistas brasileños.

Fue uno de los impulsores del movimiento tropicalista. Escribió también *Verdade tropical* (1997), un contundente ensayo sobre cultura brasileña.

Cazuza
(1958-1990). Cantante y letrista de rock brasileño.

Chet Baker
(1927-1988). Trompetista y cantante norteamericano.

Chico Buarque
(1944). Considerado uno de los más influyentes cantautores brasileños, su carrera ha estado marcada por la canción lírica y política. Además de músico, es novelista.

Clara Nunes
(1942-1983). Cantante y recopiladora musical mineira, una de las mayores intérpretes de estilos folclóricos, populares y afrobrasileños.

Cyro Monteiro
(1913-1973). Cantante y compositor carioca. Uno de los mayores nombres de la época de oro de la radio.

Dalva de Oliveira
(1917-1072). Cantante y compositora paulista. Considerada una de las figuras más importantes del auge de la época radiofónica en Brasil. En 1951 fue electa "reina de la radio". Grabó más de 400 canciones y participó en varios coros de discos de Carmen Miranda.

Dom Salvador
(1938). Instrumentista, arreglista y compositor brasileño, considerado uno de los grandes nombres del samba-*jazz*. En la década de 1970, creó el grupo Abolição, uno de los más importantes de música negra de Brasil.

Dorival Caymmi
(1914-2008). Cantante y compositor bahiano. Sus composiciones expresan la cultura, la idiosincrasia y el estilo de vida de Bahía. Fue referencia para Tom Jobim y Vinicius de Moraes. Entre sus éxitos destacan "Saudade da Bahia", "Samba da mina terra", "Doralice" y "Maracangalha".

Douglas Germano
(1968). Compositor paulista.

Duke Ellington
(1899-1974). Compositor y pianista estadounidense.

Ed Lincoln
(1932-2012). Productor, compositor y multiinstrumentista brasileño. Fue considerado el "rey del *sambalanço*".

Edu Lobo
(1943). Compositor, arreglador y guitarrista carioca de bossa nova. Entre sus composiciones destacan canciones realizadas en conjunto con Vinicius de Moraes y Chico Buarque.

Ella Fitzgerald
(1917-1996). Cantante y compositora estadounidense, considerada una de las grandes virtuosas del *scat*, forma improvisada de usar la voz como instrumento musical.

Francisco Alves
(1989-1952). Cantante carioca. Es considerado por muchos el más importante del auge de la época radiofónica. Entre sus innume-

rables interpretaciones, destaca la primera grabación de "Aquarela do Brasil".

Franco Fontana
(1934). Productor musical y teatral italiano.

Fred 04
(1962). Nombre artístico de Fred Rodrigues Monteiro. Cantante y compositor pernambucano, miembro del grupo Mundo Livre S/A. Uno de los creadores, a principios de la década de 1990, junto a Chico Science y Nação Zumbi, del movimiento *mangue beat*.

Gonzaguinha
(1945-1991). Nombre artístico de Luiz Gonzaga do Nascimento Júnior, cantante y compositor carioca. Hijo de Luiz Gonzaga. Sus composiciones fueron interpretadas por Gal Costa, Elis Regina, Maria Bethânia, entre otras.

Grande Otelo
(1915-1993). Seudónimo de Sebastião Bernardes de Souza Prata. Actor, comediante y compositor mineiro, referencia del teatro de revista brasileño.

Guilherme Kastrup
(1969). Baterista, percusionista y productor musical carioca.

Guinga
(1950). Nombre artístico de Carlos de Sousa Lemos Escobar. Compositor y guitarrista carioca. Sus composiciones han sido grabadas por Elis Regina y Chico Buarque, entre otros.

Ismael Silva
(1905-1978). Cantante y compositor de sambas oriundo de Niterói. Fue uno de los fundadores de la comparsa que, con el tiempo, se convertiría en la primera escuela de samba, la Deixa Falar.

Jackson do Pandeiro
(1919-1982). Cantante y compositor paraíbano, dueño de un estilo único que mezcla ritmos nordestinos, como *baião*, *xote*, *forró* y coco, con el samba.

João Donato
(1934). Pianista, acordeonista, arreglador, cantante y compositor brasileño. En sus composiciones fusiona *jazz* con música latina y afrocubana.

João de Aquino
(1944-2022). Guitarrista, productor y compositor. Trabajó con Elza Soares, Monarco, Martinho da Vila, Roberto Ribeiro y Cartola, entre otros.

João do Vale
(1934-1996). Cantante y compositor oriundo del estado de Maranhão. Entre sus composiciones destaca "Carcará", inmortalizada en la voz de Maria Bethânia.

João Gilberto
(1931-2019). Músico de Bahía, considerado un maestro por ser uno de los creadores de la bossa nova, con su estilo particular de tocar la guitarra y de cantar.

João Nogueira
(1941-2000). Cantante y compositor de sambas. Entre sus éxitos, destaca "Espelho". Padre del también cantante, Diogo Nogueira.

Jorge Aragão
(1949). Cantante, compositor y multiinstrumentista carioca de samba y *pagode*. Entre sus éxitos destaca "Enredo do meu samba".

Jorge Ben Jor
(1945). Cantante, compositor, percusionista y guitarrista carioca. Su álbum *Samba esquema novo* inauguró un nuevo estilo que posteriormente les dio forma a los géneros conocidos como *sambalanço* y samba-rock. En 2008, fue considerado por la revista *Rolling Stones* el 5º mayor artista de la historia de la música brasileña.

José Miguel Wisnik
(1948). Músico, compositor, ensayista y doctor en Literatura. Estudioso de la música popular y la literatura brasileñas. Entre otros muchos destacados proyectos, fue director artístico del disco de Elza Soares, *Do cóccix até o pescoço*.

Kiko Dinucci
(1977). Productor musical, considerado uno de los exponentes de la música eletrónica brasileña.

Laércio de Freitas
(1941). Compositor, arreglista y pianista carioca. Acompañó a músicos como Maria Bethânia, Marcos Valle, Clara Nunes y Martinho da Vila.

Laerte Coutinho
(1951). Cartunista y guionista paulista. Fue parte de la escena *under* del cómic brasileño de los ochenta.

Lobão
(1957). Nombre artístico de João Luiz Woerdenbag Filho. Cantante, compositor y escritor carioca. Cultiva el género rock.

Louis Armstrong
(1901-1971). Cantante y trompetista norteamericano, conocido por su voz ronca y por su virtuosismo con los *scats*.

Lúcio Alves
(1927-1993). Cantante y compositor nacido en Minas Gerais, con carrera en Río de Janeiro. Fue uno de los nombres más reconocidos de la radiofonía a principios de la década de 1950.

Luiz Carlos Sá
(1945). Cantante y compositor carioca. Sus composiciones han sido interpretadas por Gal Costa, Elza Soares, Milton Nascimento, Erasmo Carlos, entre otros.

Lupicínio Rodrigues
(1914-1974). Cantante y compositor oriundo de Porto Alegre. Compuso diversas *marchinhas* de carnaval y sambas-canción, además del himno del equipo de fútbol Grêmio.

Mané Garrincha
(1933-1983). Uno de los mayores ídolos del fútbol brasileño. Jugó en el Botafogo y fue seleccionado nacional, siendo campeón en los Mundiales de 1958 y 1962. Esposo de Elza Soares entre 1966 y 1982.

Marcelo Cabral
(1978). Productor, compositor y músico alagoano.

Marcelo Yuka
(1965-2019). Compositor, cantante y activista político carioca.

Marcos Valle
(1943). Cantante carioca, compositor, productor y pianista de los géneros bossa nova y samba.

Marieta Severo
(1946). Actriz brasileña, reconocida por su trabajo en cine, teatro y televisión.

Martinho da Vila
(1938). Cantante y compositor carioca de samba, además de escritor. Sus éxitos incluyen "Batuque na cozinha" y "Canta, canta, minha gente".

Mercedes Baptista
(1921-2014). Bailarina y coreógrafa fluminense, considerada la precursora del *ballet* y la danza afro en Brasil, inspirada en las danzas de los *terreiros* de candomblé. Fue la primera bailarina negra del Teatro Municipal de Río de Janeiro.

Miles Davis
(1926-1991). Trompetista y compositor estadounidense, considerado un gran nombre del jazz.

Milton Banana
(1935-1999). Baterista carioca que acompañó a los principales nombres de la bossa nova. Participó del icónico álbum *Chega de saudade*, de João Gilberto.

Milton Miranda
(s. f.). Productor musical y director artístico mineiro. Fue director de la grabadora Odeon, donde produjo discos de Elza Soares, Clara Nunes, Milton Nascimento, Paulinho da Viola, entre otros.

Moreira da Silva
(1902-2000). Cantante y compositor carioca, también conocido como Kid Morengueira. Se le considera el creador del estilo *samba-de-breque.*

Naná Vasconcelos
(1944-2016). Percusionista pernambucano, considerado una autoridad mundial en el área. Ganó ocho premios Grammy.

Nara Leão
(1942-1989). Cantante oriunda del estado de Espírito Santo. Comenzó su carrera como una de las principales intérpretes de bossa nova. Posteriormente, participó activamente en diversas vertientes de la música popular, como la canción política, el espectáculo *Opinião*, la Tropicalia, entre otros.

Nei Lopes
(1942). Cantante, compositor, escritor y estudioso de las culturas africanas. Entre sus libros destacan *Dicionário da história social do samba* (2016, en coautoría con Luiz Antônio Simas) y *Enciclopédia brasileira da diáspora africana* (2004).

Noel Rosa
(1910-1937). Cantante, guitarrista, mandolinista y compositor carioca de samba. Figura bohemia e inquieta, integró varias bandas y se destacó como un cronista de lo cotidiano, con composiciones que integraban el samba de los morros y el desarrollo de la ciudad. Entre sus creaciones destacan "Com que roupa?" y "Feitiço da Vila".

Oswald de Andrade

(1890-1954). Poeta, ensayista y dramaturgo paulista. Una de las figuras más relevantes del movimiento modernista de ese país, fue también uno de los principales promotores de la memorable Semana de Arte Moderna de 1922. Es autor de los célebres *Manifiesto Pau-Brasil* (1924) y del *Manifiesto Antropófago* (1928).

Paschoal Carlos Magno

(1906-1980). Teatrólogo y diplomático, considerado uno de los grandes nombres de la crítica teatral brasileña.

Paulo Vanzolini

(1924-2013). Compositor y zoólogo, considerado uno de los grandes nombres del samba paulista. Es autor de "Ronda", un clásico de la música brasileña.

Paulo Villaça

(1933-1992). Actor brasileño, considerado uno de los grandes nombres del cinema marginal de las décadas de 1960 y 1970.

Pedro Loureiro

(s. f.). *Manager* de Elza Soares al momento de realizar la entrevista para este libro.

Rafael Mike

(1979). Compositor, cantante, bailarín y agitador cultural carioca.

Roberto Frejat

(1962). Músico, compositor y cofundador de la banda de rock brasileña Barão Vermelho.

Roberto Menescal

(1937). Músico nacido en Vitória, Espírito Santo. Es considerado uno de los fundadores de la bossa nova. Entre sus canciones más reconocidas están "O barquinho" y "Nós e o mar", que compuso junto con Ronaldo Bôscoli.

Roberto Ribeiro

(1940-1996). Intérprete y compositor de samba y samba-enredo, oriundo del interior del estado de Río de Janeiro.

Rodrigo Campos

(1977). Compositor, cavaquinista y cantante paulista.

Rômulo Fróes

(1971). Compositor, cantante y guitarrista paulista.

Ronaldo Bôscoli

(1928-1994). Compositor, productor musical y periodista carioca. Compuso los clásicos de la bossa nova "O barquinho" y "Nós e o mar", junto con Roberto Menescal.

Russo Passapusso

(1983). Cantante y compositor bahiano, vocalista de BaianaSystem y de carrera solista. En su trabajo fusiona ritmos como el *reggae*, el *hip-hop* y el samba de la región conocida como Recôncavo bahiano.

Seu Jorge

(1970). Nombre artístico de Jorge Mário da Silva. Cantante, compositor, multiinstrumentista y actor carioca. Cultiva los géneros samba, MPB y *soul*.

Simone Soul
(1970). Percusionista paulista.

Sylvinha Telles
(1934-1966). Cantante y compositora carioca. Se le considera una de las mayores voces de la bossa nova, aunque sus discos están fuera de catálogo.

Tárik de Souza
(1946). Periodista y crítico musical carioca. Se le considera una de las referencias en cuanto a crítica de música popular brasileña (MPB).

Tom Jobim
(1927-1996) Pianista, cantor y compositor de Río de Janeiro. Considerado uno de los creadores de la bossa nova.

Trio Mocotó
Banda de samba-rock. Acompañó en muchas grabaciones a Jorge Ben, incluyendo las populares "Que pena" y "País tropical".

Vinicius de Moraes
(1913-1980). Poeta, diplomático, dramaturgo y compositor carioca. Uno de los mayores poetas brasileños del siglo XX y uno de los creadores del género bossa nova, desde la lírica.

Virgínia Rodrigues
(1964). Cantante bahiana. En su obra fusiona la música clásica, el samba y el *jazz*.

Wilson das Neves
(1936-2017). Baterista, cantante y compositor carioca. Acompañó a artistas como Elis Regina, Roberto Carlos, Elza Soares, Caetano Veloso, Gilberto Gil, Gal Costa, Chico Buarque, entre otros. Una de sus composiciones más recordadas es "O samba é meu dom".

Wilson Simonal
(1938-200). Cantante y compositor carioca. En 2012, fue electo el cuarto mejor cantante brasileño de todos los tiempos por la revista *Rolling Stones*.

Zeca Pagodinho
(1959). Compositor e intérprete carioca de samba y pagode. Uno de los mayores nombres de estos géneros desde la década de 1980 hasta la actualidad.

Zé Keti
(1921-1999). Nombre artístico de José Flores de Deus. Cantante y compositor de samba, autor de clásicos como "Eu sou o samba" y "Opinião".

Zé Rodrix
(1947-2009). Nombre artístico de José Rodrigues Trindade. Compositor, multiinstrumentista, cantante y escritor carioca.

DISCOGRAFÍA

1960
SE ACASO VOCÊ CHEGASSE

Sello: Odeon – MOFB-3166
Productor: Ismael Corrêa
Arreglos: Oswaldo Borba

LADO A

1. Se Acaso Você Chegasse (F. Martins, Lupicínio Rodrigues)
2. Casa De Turfista... Cavalo De Pau (H. de Almeida, Macedo Netto)
3. Mulata Assanhada (Ataulfo Alves)
4. Era Bom (Hianto de Almeida, Macedo Netto)
5. Samba Em Copa (Cyro Monteiro)
6. Dedo Duro (Carlito, Zeca Do Pandeiro)

LADO B

1. Teleco-Teco Nº 2 (Nelsinho, O. Magalhães)
2. Contas (Amâncio Cardoso)
3. Sal E Pimenta (N. de Brito, N. Ramalho)
4. Cartão De Visita (Edgardo Luis, N. Pereira De Castro)
5. Nêgo Tu...Nêgo Vós...Nêgo Você... (H. de Almeida, Macedo Netto)
6. Não Quero Mais (Astor, Julio Hungria)

1960
A BOSSA NEGRA

Sello: Odeon – MOFB 3198
Productor: Ismael Corrêa
Arreglos: Astor Silva

LADO A
1. Tenha Pena De Mim (Babaú, Ciro De Sousa)
2. Boato (João Roberto Kelly)
3. Fala Baixinho (Arcenio De Carvalho, Edson Menezes)
4. Marambaia (Henricão, Rubens Campos)
5. O Samba Está Com Tudo (Denis Brean, Oswaldo Guilherme)
6. Cadeira Vazia (Alcides Gonçalves, Lupicínio Rodrigues)

LADO B
1. Perdão (Don Carlos, J. Assumpção)
2. Beija-Me (Mário Rossi, Roberto Martins)
3. O Bilhete (Dunga)
4. O Samba Brasileiro (Claribalte Passos)
5. As Polegadas Da Mulata (Hianto de Almeida, Macedo Neto)
6. Eu Quero É Sorongar (Candido Dias Da Cruz, Pedro Santos)

1961
O SAMBA É...

Sello: Odeon – MOFB 3235
Productor: Ismael Corrêa
Arreglos: Astor Silva

LADO A

1. Eu E O Rio (Luiz Antônio)
2. Vedete Certinha (Haroldo Barbosa, Luiz Reis)
3. Teleco-Teco (Marino Pinto, Murilo Caldas) com Monsueto Menezes
4. Bom Mesmo É Estar De Bem (Romeo Nunes, Silvio Silva)
5. Fez Bobagem (Assis Valente)
6. Amor De Mentira (Edson Borges, Hianto de Almeida)

LADO B

1. Na Base Do Bilhetinho (Haroldo Barbosa, Luiz Reis)
2. Cantiga Do Morro (Hianto de Almeida, Macedo Neto) com Monsueto Menezes
3. Acho Que Sim (Antonio Carlos Jobim, Billy Blanco)
4. Ziriguidum (Monsueto Menezes) com Monsueto Menezes
5. Vou Sonhar Prá Você Ver (Haroldo Lobo, Milton de Oliveira)
6. Reconciliação (Marino Pinto, Waldemar Gomes)

**1963
SAMBOSSA**

Sello: Odeon – MOFB-3296
Productor: José Ribamar
Direção: Milton Miranda

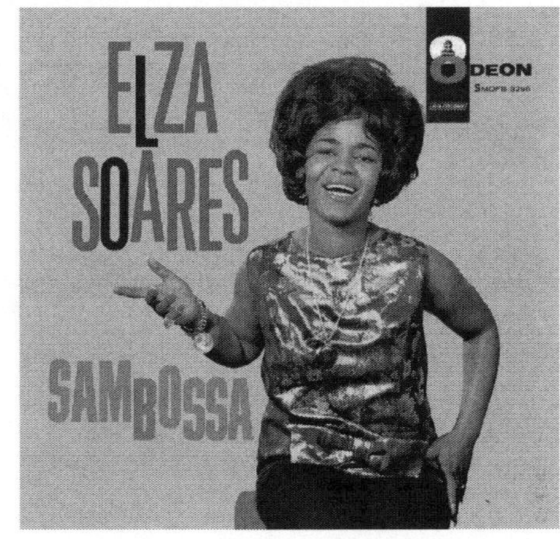

LADO A

1. Rosa Morena (Dorival Caymmi)
2. Gamação (João Roberto Kelly)
3. A Banca Do Distinto (Billy Blanco)
4. Primeira Comunhão (Billy Blanco, Miguel Xavier)
5. Sim E Não (Carlos Magno, Edilton Lopes, Venâncio)
6. Leilão (Armando Nunes, Nazareno de Brito)

LADO B

1. Só Danço Samba (Antonio Carlos Jobim, Vinicius De Moraes)
2. A Corda E A Caçamba (Antonio Almeida)
3. Vaca De Presépio (Billy Blanco)
4. Maria Mária Mariá (Billy Blanco)
5. Quando O Amor Não É Mais Amor (Cirene Mendonça, Ricardo Galeno)
6. Mulata De Verdade (Sergio Malta)

1964
NA RODA DE SAMBA

Sello: Odeon – MOFB-3300
Productor: Milton Miranda
Dirección musical: Lyrio Panicali

LADO A

1. Na Roda Do Samba (Orlandivo, Helton Menezes)
2. Dja Ba Dja (Lourenço Quintanilha, Izidro Quintanilha)
3. Convite Ao Samba (Osvaldo Guilherme, Denis Brean)
4. Na Base Do Pinguim (João Leal Brito ''Britinho', Fernando César)
5. Pressentimento (Osmar Navarro, Alcina Maria)
6. Samba Primeiro (Wilson Melo, Tony Martinelli)

LADO B

1. Nêgo (Waldemar Gomes, Afonso Teixeira)
2. Gostoso É Sambar (João Mello)
3. Vou Rir De Você (Hélton Menezes)
4. Princesa Isabel (Sergio Ricardo)
5. Domingo Em Copacabana (Paulo Tito, Roberto Faissal)
6. Banca De Pobre (Rildo Hora, Marcos André)

1965
UM SHOW DE ELZA

Sello: Odeon – MOFB-3420
Productor: Milton Miranda
Dirección musical: Lyrio Panicali
Arreglos: Maestro Nelsinho

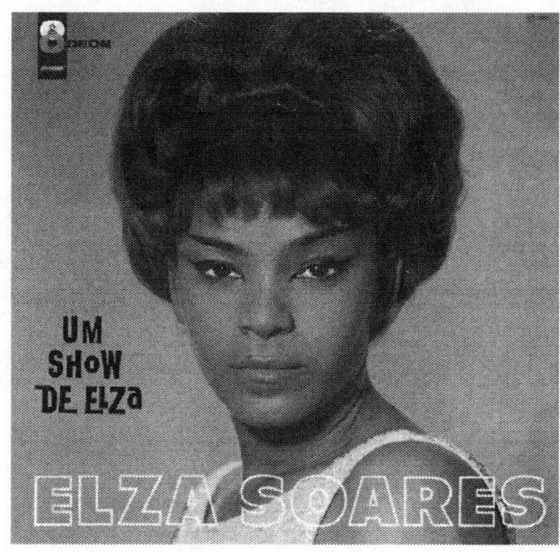

LADO A

1. Ocultei (Ary Barroso)
2. Verão No Meu Rio (Carla Baroni, Carlito)
3. Dindi (Aloysio De Oliveira, Antonio Carlos Jobim)
4. Samba Da Minha Terra (Dorival Caymmi)
5. Ombro A Ombro (Izidro Quintanilha, Lourenço Quintanilha)
6. Pé Redondo (Garrincha)

LADO B

1. Vingança (Lupicínio Rodrigues)
2. Sambou Sambou (João Donato, João Mello)
3. Porque E Para Que (Fernando César, Jaime Florence "Meira")
4. Neném (Anselmo Mazzoni, Luis Bandeira)
5. Cais Do Porto (Capiba)
6. Se Acaso Você Chegasse (Felisberto Martins, Lupicínio Rodrigues)

1966
COM A BOLA BRANCA

Sello: Odeon – MOFB-3459
Productor: Milton Miranda
Dirección musical: Lyrio Panicali
Arreglos: Maestro Nelsinho

LADO A

1. Quizumba (Serrinha)
2. Estatuto Da Gafieira (Billy Blanco)
3. Nem Vem, Nem Vai (Synval Silva)
4. No Carnaval (Mendes)
5. Jogado Fora (João Mello)
6. A Vida Como Ela É (Júlio Dias de Castro)

LADO B

1. A Infelicidade (Mauro Duarte, Niltinho)
2. Deixa A Nega Gingar (Luiz Claudio)
3. Brincadeira Tem Hora (Chico Feitosa, Mario Castro Neves)
4. Volta Pro Morro (Célio Cyrino, Manoel Ferreira)
5. Meu Tudo E Por Que (Carlito, Romeo Nunes)
6. Tudo É Balanço (Nilton Pereira, Niquinho)

1967
O MÁXIMO EM SAMBA

Sello: Odeon – MOFB-3500
Productor: Milton Miranda
Dirección musical: Lyrio Panicali
Arreglos: Maestro Nelsinho

LADO A
1. O Mundo Encantado De Monteiro Lobato (Batista Da Mangueira, Darcy, Luiz)
2. Conversa De Botequim (Noel Rosa, Vadico)
3. Tristeza (Haroldo Lôbo, Niltinho)
4. Agora É Cinza (Marçal, Bide)
5. Louco (Ela É O Seu Mundo) (Henrique De Almeida, Wilson Baptista)
6. O Orvalho Vem Caindo (Kid Pepe, Noel Rosa)

LADO B
1. Atira A Primeira Pedra (Ataulpho Alves, Mário Lago)
2. Devagar Com A Louça (Haroldo Barbosa, Luiz Reis)
3. Vem Morar Comigo (Aldacir Louro, Eduardo Rocha, Fernando Martins)
4. Você Não Tem Palavra (Ataulpho Alves, Newton Teixeira)
5. Leva Meu Samba (Ataulpho Alves)
6. P'ra Machucar Meu Coração (Ary Barroso)

1967
ELZA, MILTINHO E SAMBA

Sello: Odeon – MOFB-3510
Productor: Milton Miranda
Dirección musical: Lyrio Panicali
Arreglos: Maestro Nelsinho

LADO A

1. Com Que Roupa (Noel Rosa) / Se Você Jurar (Francisco Alves, Ismael Silva, Nilton Bastos)
2. Beijo Na Bôca (Augusto Garcez, Cyro De Souza) / Moreninha Do Pom Pom Grená (Dorival Caymmi) / Tem Que Ter (Tulio Piva)
3. Boogie-Woogie Na Favela (Denis Brean) / Bonitâo (Marino Pinto, Mário Rossi) / Eu Quero Um Samba (Haroldo Barbosa, Joel De Almeida) / Pourquoi (Essa Nêga Sem Sandália) (Caco Velho, Jadir De Castro)
4. Se Você Visse (Del Loro, Horondino Silva)
5. Todo Dia É Dia (Benedito Reis, Zuzuca "Adil de Paula")

LADO B

1. Enlouqueci (João Sale, Luiz Soberano, Waldomiro Pereira) / Fica Doido Varrido (Benedicto Lacerda, Frazão) / Obsessão (Milton de Oliveira, Mirabeau) / Só Eu Sei (Henrique De Almeida, Milton de Oliveira, Nelson Trigueiro) / E Bom Parar (Rubens Soares) / Calado Venci (Ataulpho Alves, Herivelto Martins) / Vai Que Depois Eu Vou (Adolfo Macêdo, Ayrton Borges, Zé Da Zilda) / Já Vai? (Duba, Rubens Campos)
2. Mal De Amor (Benil Santos, Raul Sampaio)
3. Antonico (Ismael Silva)
4. Louco De Saudade (Denis Brean)

1968
ELZA, MILTINHO E SAMBA 2

Sello: Odeon – MOFB-3540
Productor: Milton Miranda
Dirección musical: Lyrio Panicali
Arreglos: Maestro Nelsinho

LADO A
1. Dialogo De Criolos (Nelsinho)
2. Alô Alô (André Filho) / Pelo Telefone (Donga, Mauro de Almeida)
3. Semana Inteira (Roberto Carlos, Erasmo Carlos) / O Pau Comeu Na Casa De Noca (Catulo de Paula)
4. Vaidosa (Herivelto Martins, Arthur Morais) / Me Deixa Em Paz (Herivelto Martins, Jovelino Marques da Costa) / Para Me Livrar Do Mal (Noel Rosa, Ismael Silva)
5. Tenha Pena De Mim (Ciro de Souza, Kid Pepe)

LADO B
1. Você Jà Foi À Bahia? (Dorival Caymmi) / Vestido De Bolero (Dorival Caymmi)
2. Mancada (Gilberto Gil) / Vai Haver Barulho No Château (Valfrido Silva, Noel Rosa)
3. Promessa (Jaime de Carvalho "Colô") / Confesso (Ivone Lara) / Quem Chorou Fui Eu (Haroldo Lobo, Milton Oliveira)
4. Pot Pourri De Imitação

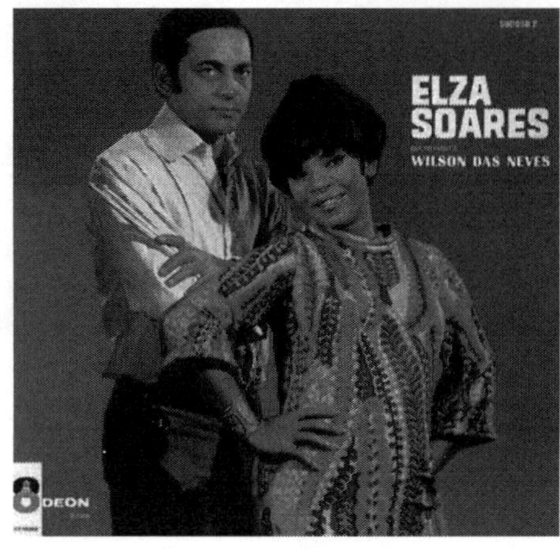

1968
ELZA SOARES
BATERISTA: WILSON DAS NEVES

Sello: Odeon – MOFB-3521
Productor: Milton Miranda
Dirección musical: Lyrio Panicali
Arreglos: Maestro Nelsinho

LADO A

1. Balanço Zona Sul (Tito Madi)
2. Deixa Isso Prá La (Alberto Paz, Edson Menezes)
3. Garota De Ipanema (Antonio Carlos Jobim, Vinicius De Moraes)
4. Edmundo = In The Mood (Aloysio De Oliveira, Andy Razaf, Joe Garland)
5. O Pato (Jayme Silva, Neuza Teixeira)
6. Copacabana (Alberto Ribeiro, João De Barro)

LADO B

1. Teleco Teco Nº 2 (Nelsinho, Oldemar Magalhães)
2. Saudade Da Bahia (Dorival Caymmi)
3. Samba De Verão (Marcos Valle, Paulo Sérgio Valle)
4. Se Acaso Você Chegasse (Felisberto Martins, Lupicínio Rodrigues)
5. Mulata Assanhada (Ataulfo Alves)
6. Palhaçada (Haroldo Barbosa, Luiz Reis)

1969
ELZA, CARNAVAL & SAMBA

Sello: Odeon – MOFB-3589
Productor: Milton Miranda
Dirección musical: Lyrio Panicali
Arreglos: Maestro Nelsinho

LADO A
1. Bahia de Todos Os Deuses (Salgueiro - Samba-Enredo 1969) (Bala, Manoel Rosa)
2. Quero Morrer no Carnaval (Luiz Antônio, Eurico Campos)
3. Não Me Diga Adeus (Paquito, Luis Soberano, João Correia da Silva)
4. Eu Chorarei Amanhã (Raul Sampaio, Ivo Santos)
5. De Lanterna na Mão (Elzo Augusto, José Saccomani, Jorge Martins)
6. Fechei A Porta (Sebastião Mota, Ferreira dos Santos)

LADO B
1. Heróis da Liberdade (Império Serrano - Samba-Enredo 1969) (Silas de Oliveira, Mano Décio da Viola, Manoel Ferreira)
2. Rosa Maria (Aníbal Silva, Eden Silva)
3. Eu Agora Sou Feliz (José Bispo ''Jamelão', Mestre Gato)
4. Que Samba Bom (Geraldo Pereira ,Arnaldo Passos)
5. Falam de Mim (Noel Rosa de Oliveira, Eden Silva, Aníbal Silva)
6. Se É Pecado Sambar (Manoel Santana)

1969
ELZA, MILTINHO E SAMBA 3

Sello: Odeon – MOFB-3604
Productor: Milton Miranda
Dirección musical: Lyrio Panicali
Arreglos: Maestro Nelsinho

LADO A

1. Juntinhos de Novo (Nelsinho) / Não Manche o Meu Panamá (Alcebíades Nogueira) / O Sorriso do Paulinho (Gastão Viana, Mário Rossi) / Oito Mulheres (José Batista) / Embrulho Que Eu Carrego (Alvaiade, Djalma Mafra) / Despacho (Ary Barroso)
2. Saia do Caminho (Custódio Mesquita, Evaldo Ruy) / Nervos de Aço (Lupicínio Rodrigues) / Por Causa de Você (Tom Jobim, Dolores Duran)
3. Só Com Você (Anselmo Mazzoni)
4. Julgar É Missão Divina (João Machado, Hélio Simões)

LADO B

1. Vai na Paz de Deus (Ataulfo Alves, Antônio Domingues) / Conceição (Octaciliano Silveira, Chiquinho Storino) / Aos Pés da Cruz (Marino Pinto, Zé da Zilda) / Se a Saudade Me Apertar (Ataulfo Alves, Jorge de Castro) / Você Não Quer Nem Eu (Ataulfo Alves)
2. Com Olhos de Gata (João Pereira da Fonseca) / Fita Amarela (Noel Rosa) / Madeira de Lei (Luiz Bandeira, Renato Araújo)
3. Samba Da Cor (Castrinho, Marli De Oliveira)
4. Madrugada Vai Chegar (David Correia)
5. Um Samba Pra Ela (Benil Santos, José Orlando)

1970
SAMBAS & MAIS SAMBAS

Sello: Odeon – MOFB-3646
Productor: Milton Miranda
Dirección musical: Lyrio Panicali
Arreglos: Maestro Nelsinho

LADO A
1. Mas Que Nada (Jorge Ben)
2. Recado (Paulinho da Viola, Casquinha)
3. Dá-me Tuas Mãos (Erasmo Silva, Jorge de Castro)
4. Vejam Só (Getúlio Macedo)
5. Pressentimento (Élton Medeiros, Hermínio Bello de Carvalho)
6. Máscara da Face (Klécius Caldas, Armando Cavalcanti)

LADO B
1. Tributo a Martin Luther King (Wilson Simonal, Ronaldo Bôscoli)
2. Comunicação (Chico Feitosa, Marcello Silva)
3. Maior É Deus (Felisberto Martins, Fernando Martins)
4. Tributo A Dom Fuas (Carlos Imperial, Fernando César)
5. Seu José (Silvio César)
6. Meu Consolo É Você (Antônio Nássara, Roberto Martins)

1972
SANGUE, SUOR E RAÇA
(COM ROBERTO RIBEIRO)

Sello: Odeon – MOFB-3752
Productor: Milton Miranda
Assistente: Hermínio Bello de Carvalho
Arreglos: Dom Salvador

LADO A

1. Swing Negrão (Elza Soares) / Brasil Pandeiro (Assis Valente) / O Samba Agora Vai (Pedro Caetano) / É Com Esse Que Eu Vou (Pedro Caetano)
2. Aurora de Um Sambista (Toco)
3. Domingos, Domingueira (Eduardo Marques)
4. Cicatrizes (Miltinho "MPB-4", Paulo César Pinheiro)
5. Isto É Papel, João (Paulo Rushell) / Cocorocó (Paulo da Portela) / Decadência (Cartola)

LADO B

1. Recordação de Um Batuqueiro (Xangô da Mangueira, J. Gomes)
2. O Que Vem de Baixo Não Me Atinge (Johnny Alf)
3. Lenço Cor de Rosa (Eduardo Marques)
4. Sacrifício (Mauro Duarte, Maurício Tapajós)
5. Coisa Louca (Ismael Silva) / A Razão Dá-se A Quem Tem (Francisco Alves, Noel Rosa, Ismael Silva) / O Que Se Leva Dessa Vida (Pedro Caetano)

1972
ELZA PEDE PASSAGEM

Sello: Odeon – MOFB-3711
Productor: Milton Miranda
Arreglos: Lyndolfo Gaya

LADO A

1. Cheguendengo (Antônio Carlos Pinto, Jocafi, Renato Luis Lobo)

2. Saltei de Banda (Zé Rodrix, Luiz Carlos Sá)

3. Maria Vai Com As Outras (Toquinho, Vinicius de Moraes)

4. Samba da Pá (João Só)

5. Abc da Vida (Luiz Reis, Haroldo Barbosa)

6. Barão Beleza (Tuzé de Abreu)

LADO B

1. Rio Carnaval dos Carnavais (Padeirinho, Nilton Russo, Moacir)

2. O Gato (Gonzaguinha)

3. Pulo Pulo (Jorge Ben)

4. Amor Perfeito (Billy Blanco)

5. Mais do Que Eu (João Nogueira)

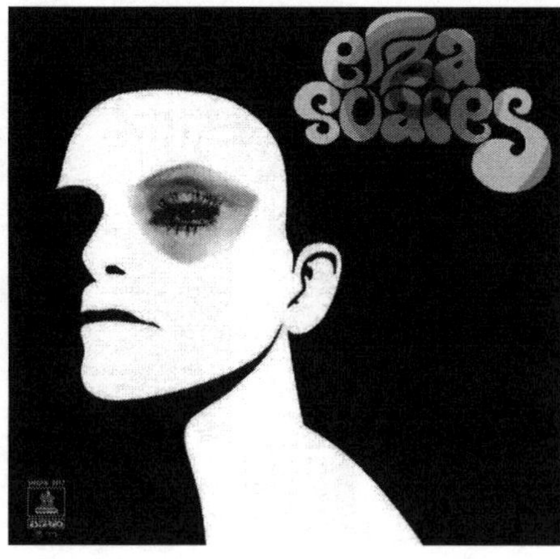

1973
ELZA SOARES

Sello: Odeon – MOFB-3817
Productor: Milton Miranda
Dirección musical: Lyndolfo Gaya
Arreglos: Laércio de Freitas

LADO A

1. Eu Não Toco Berimbau (Serrinha, Mazola)
2. Busto Calado (Rubens Silva, Orlando Costa ''Maestro Cipó'')
3. Pranto de Poeta (Nelson Cavaquinho, Guilherme de Brito)
4. Dia De Graça (Candeia)
5. Maria José (Fritz, Nereu Gargalo)
6. Zelão (Sérgio Ricardo)

LADO B

1. Canoa Furada (Gisa Nogueira)
2. Solidão (Luiz Roberto, Paulo Martini)
3. Sete Linhas (Sidney da Conceição)
4. Festa da Vinda (Cartola, Nuno Veloso)
5. Lá Vou Eu (Délcio Carvalho)
6. Aquarela Brasileira (Silas de Oliveira)

1974
ELZA SOARES

Sello: Tapecar - LPX23
Productor: Ismael Corrêa
Arreglos: Ed Lincoln

LADO A
1. Bom Dia Portela (David Correia, Bebeto Di São João)
2. Pranto Livre (Dida, Everaldo da Viola)
3. Não É Hora de Tristeza (Lino Roberto, Wilson Medeiros, Walter da Imperatriz)
4. Meia-Noite Já É Dia (Norival Reis, David Correia)
5. Desabafo (Tatu, Nezinho, Campo)
6. Partido do Lê Lê Lê (Otilo Gomes)

LADO B
1. Deusa do Rio Niger (Walter Norambê, Motorzinho)
2. Quem Há de Dizer (Lupicínio Rodrigues, Alcides Gonçalves)
3. Louvei Maria (Elza Soares)
4. Xamêgo de Crioula (Zé Di)
5. Falso Papel (Dário Marciano)
6. Giringonça (Josealdo Fraga)

1975
NOS BRAÇOS DO SAMBA

Sello: Tapecar - LPX34
Productor: Ed Lincoln

LADO A

1. Primeiro Eu (Romildo Bastos, Toninho Nascimento)
2. Nem Vem (Levo Minha Viola) (Noel Rosa de Oliveira, Duduca, José Alves)
3. Viagem de Jangada (Tião da Roça, Antônio Andrade)
4. Quem É Bom Já Nasce Feito (Lino Roberto, Wilson Medeiros)
5. Debruçado Em Meu Olhar (Romildo Bastos, Toninho Nascimento)
6. Confesso Que Chorei (João Fonseca, Albano Silva)

LADO B

1. Lendas e Festas das Yabás
(União da Ilha do Governador - Samba-enredo 1974)
(Aroldo Melodia, Leôncio da Silva)
2. Nos Braços do Samba (Neoci, Dida)
3. Auera (Marcos Moran, E. Carlos)
4. Saudade Minha Inimiga (Nelson Cavaquinho, Guilherme de Brito)
5. Deixa Pra Deus Resolver (Gilson de Souza)
6. Cansada de Esperar (Ciro Vagareza, Sidney da Conceição)

1976
LIÇÃO DE VIDA

Sello: Tapecar - LPX42
Productor: Ed Lincoln
Arreglos: Paulo Moura

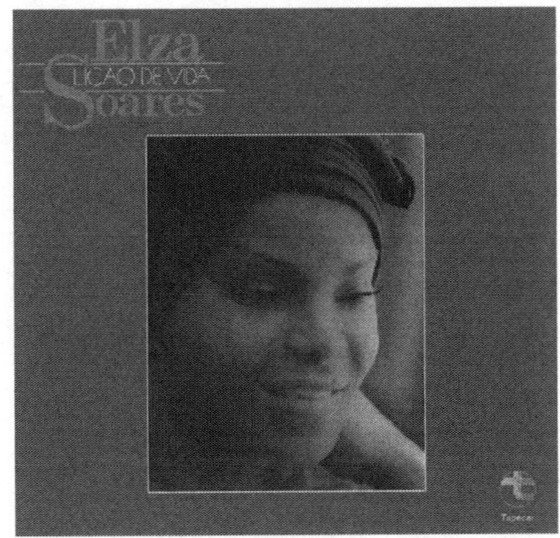

LADO A
1. Malandro (Jorge Aragão, Jotabê)
2. Cipriano (Sidney da Conceição, Romeo Nunes)
3. Lição de Vida (Paulo de Capitólia)
4. Pinta e Borda (Belizário, Di Ferraz)
5. Rainha dos Sete Mares (Avarese, Lino Roberto, Alfredo Silva)
6. A Rosa (Efson)

LADO B
1. Curumbandê (Beto Baiano)
2. Nó Na Tristeza (Vicente Matos, Carlito Cavalcanti)
3. Deus e Viola (Neoci, Dida)
4. Estou Com Raiva de Você (Miro Barbosa, Jorge Roberto)
5. Samba Minha Raiz (Dona Ivone Lara, Délcio Carvalho)
6. Sal e Pimenta (Nazareno de Brito, Newton Ramalho) / Mulata Assanhada (Ataulfo Alves)
/ Beija-me (Roberto Martins, Mário Rossi)

1977
PILÃO + RAÇA = ELZA

Sello: Tapecar - LPX47
Productor: Gilson Paranzetta

LADO A
1. Língua de Pilão (Elza Soares)
2. Enredo de Pirraça (Elza Soares, Gerson Alves)
3. Aldeia de Okarimbé (Aloísio, César Veneno/Naval)
4. Sombra Confidente (Gerson Alves)
5. Perdão Vila Isabel (Elza Soares, Gerson Alves)
6. Perdão Amor (Jorge Aragão, Neoci)

LADO B
1. De Pandeiro na Mão (João Roberto Kelly)
2. Só Tem Um Jeito Agora (Roberto Neves)
3. Amor Aventureiro (Mano Décio da Viola, Silas de Oliveira)
4. Compositor (Rildo Hora, Sérgio Cabral)
5. Prezado Amigo (Rildo Hora, Sérgio Cabral)
6. Só Uma Lágrima (Acyr Pimentel)

1979
SENHORA DA TERRA

Sello: CBS 138160
Productor: Maestro Nelsinho

LADO A
1. Põe Pimenta (Beto Sem Braço, Jorginho Saberás)
2. Coração Vadio (Edil Pacheco, Paulinho Diniz)
3. O Morro (Mauro Duarte, Dona Ivone Lara)
4. Exaltação ao Rio São Francisco (Waltinho, Zezé do Pandeiro, João Leonel)
5. Afoxé (Heraldo Farias, João Belém)
6. Maria Pequena (Guaracy de Castro, Roberto Nepomuceno)

LADO B
1. Abertura (Elza Soares)
2. Alegria do Povo (Luis Luz, Ari do Cavaco)
3. O Carnaval (Gerson Alves, Valentim)
4. Vê Só Malandragem (Valentim, Gerson Alves)
5. Paródia do Consumidor (Nei Lopes, Wilson Moreira)
6. Barraquinho (João Roberto Kelly)

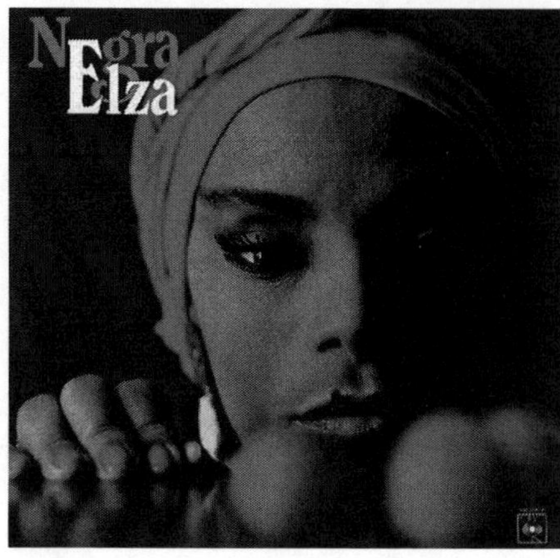

1980
NEGRA ELZA, ELZA NEGRA

Sello: CBS 138084
Productor: João de Aquino

LADO A

1. Como Lutei (Wilson Moreira/Nei Lopes)
2. Cobra Cainana (João de Aquino/Hermínio Bello de Carvalho)
3. Timbó (Ramon Russo)
4. O Porteiro Me Enganou (Haroldo Lobo/Milton de Oliveira)
5. Oração de Duas Raças (Gerson Alves)

LADO B

1. Artimanha (Gerson Alves)
2. Olindina (Tião Valentim/Antônio Valentim)
3. Fim de Noite (Chico Feitosa/Ronaldo Bôscoli)
4. É Isso Aí (Betinho/Marco Antônio Rosa)
5. Samba do Mirerê (Tradicional/Adpt. Gerson Alves)
6. Capitão do Mato (Gerson Alves)

1985
SOMOS TODOS IGUAIS

Sello: Som Livre - 530017
Productor: Glaucus Xavier
Direção Artística: Max Pierre

LADO A

1. Osso, Pele E Pano (Jorge Aragão)
2. Mais Uma Vez (Carlos Dafé, Lourenço)
3. Da Fuga Fez Sua Verdade (Adilson Victor, Sereno, Sombrinha)
4. Cacatua (Ronaldo Barcellos)
5. Daquele Amor, Nem Me Fale (João Donato, Martinho da Vila)
6. Heróis da Liberdade (Império Serrano - Samba-Enredo 1969) (Silas de Oliveira, Mano Décio da Viola, Manoel Ferreira)

LADO B

1. Somos Todos Iguais (Elza Soares)
2. Antes do Sol (Ronaldo Barcellos, Pi)
3. Sophisticated Lady (Irving Mills, Mitchell Parish, Duke Ellington, Vrs. Augusto de Campos)
Participação: Caetano Veloso
4. Exagero (Elza Soares, Glaucus Xavier)
5. Milagres (Roberto Frejat, Denise Barros, Cazuza)

1988
VOLTEI

Sello: RGE 303.6120
Productor: Milton Manhães

LADO A

1. Voltei (Oswaldo Nunes, Celso Castro) / Bom Dia Portela (David Correia, Bebeto Di São João) / Malandro (Jorge Aragão, Jotabê)
2. Doce Acalanto (Noca da Portela, Nelson Rufino)
3. Amor Sublime (Noca da Portela, Sereno, Roberto Serrão)
4. Plenitude (Pedrinho da Flor, Fernando Baster)
5. Erê (Beto Sem Braço, Bandeira Brasil)

LADO B

1. Lá Vem Você (Wilson Ney)
2. Sem Ilusão (Paulo Santana, Jorge Santana, Carzé)
3. Ânsia Louca (Adilson Bispo, Zé Roberto)
4. Coisas da Gente (Sombrinha, Arlindo Cruz, Luiz Carlos da Vila)
5. Nesse Trem (Paulo Santana, Jorge Santana, Carzé)

1987
TRAJETÓRIA

Sello: Universal Music UMD 51020
Productor: José Milton
Direção artística:
Sérgio de Carvalho

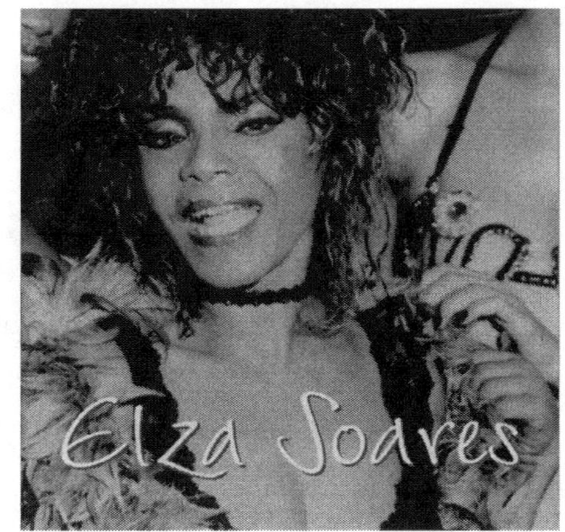

1. Rio de Janeiro (Guinga/Aldir Blanc)
2. Estou Lhe Devendo Um Sorriso (Serafim Adriano)
3. Sinhá Mandaçaia (Almir Guineto, Luverci Ernesto)
Participação: Zeca Pagodinho
4. Bom Dia (Herivelto Martins, Aldo Cabral)
5. Justa Causa (Noca da Portela, Toninho Nascimento)
6. Dói Demais (Everaldo Cruz, Nei Lopes)
7. Boato (João Roberto Kelly)
8. Trajetória (Arlindo Cruz, Serginho Meriti, Franco)
9. Lá No Alto Da Colina (Domenil)
10. Liberdade Para Amar (Elza Soares, Iberê Melodia)
11. Chuvas de Verão (Fernando Lobo)
12. Cuidado, Mané (Luiz Grande, Ari do Cavaco)
13. Mais Uma Ilusão (Alvinho Santos, Beto Menezes)
14. O Meu Guri (Chico Buarque)

1999
CARIOCA DA GEMA -
ELZA AO VIVO

Sello: Luna 5122096
Grabado en vivo en
Río de Janeiro,
abril de 1999

1. Lata D'Água (Elza Soares)
2. Balanço Zona Sul (Tito Madi)
3. Malandro (Jorge Aragão, Jotabê)
4. Lobo Bobo (Carlos Lyra, Ronaldo Bôscoli)
5. Quatro Loucos Num Samba (Cyro Monteiro, Mary Monteiro)
6. Cadeira Vazia (Lupicínio Rodrigues, Alcides Gonçalves)
7. Antonico (Ismael Silva)
8. Castigo (Dolores Duran)
9. Circo Marimbondo (Milton Nascimento, Ronaldo Bastos)
10. Chove Chuva (Jorge Ben Jor)
11. O Dono Da Terra (Carlinhos Melodia, Haroldo Pereira, Vicente das Neves, Alexandre Alegria, Rono Maia)
12. Desde Que O Samba É Samba (Caetano Veloso)
13. Trem das Onze (Adoniran Barbosa)
14. Pot-pourri "Turma Da Pilantragem": País Tropical (Jorge Ben Jor) / Meu Limão, Meu Limoeiro (Tradicional/Adpt. José Carlos Burle) / Mamãe Passou Açúcar Em Mim (Carlos Imperial)
15. Hino Nacional Brasileiro (Francisco Manoel da Silva, Joaquim Osório Duque Estrada)

2002
DO CÓCCIX ATÉ O PESCOÇO

Sello: Maianga Discos
Catálogo: 789836945 001 6
Productor: José Miguel Wisnik
Arreglos: Alê Siqueira

1. Dura Na Queda (Chico Buarque)
2. Hoje É Dia De Festa (Jorge Ben Jor)
3. Haiti (Gilberto Gil/Caetano Veloso)
4. Dor de Cotovelo (Caetano Veloso)
5. Bambino (Ernesto Nazareth/Adpt. José Miguel Wisnik)
6. A Carne (Seu Jorge/Marcelo Yuka/Ulisses Cappelletti)
7. Eu Vou Ficar Aqui (Arnaldo Antunes) Participação: Funk Como Le Gusta
8. Etnocopop (Carlinhos Brown)
9. Fadas (Luiz Melodia)
10. Flores Horizontais (Oswald de Andrade/José Miguel Wisnik)
11. A Cigarra (Elza Soares/Letícia Sabatella) Participação: Letícia Sabatella
12. Pot-pourri "Quebra Lá Que Eu Quebro Cá"
13. Todo Dia (ABM de Aguiar)
14. Façamos (Vamos Amar) (Let's Do It) (Let's Fall In Love)
(Cole Porter/Adpt. Carlos Rennó) Participação: Chico Buarque

2003
VIVO FELIZ

Sello: Reco-Head Records RH0007
Productor: Guilherme Mendonça

1. Intro
2. Opinião (Zé Keti)
3. Eu Gosto da Minha Terra (Randoval Montenegro)
4. Rio De Janeiro (Anderson Lugão)
5. Volta Por Cima (Paulo Vanzolini)
6. Somos Todos Iguais (Elza Soares)
7. Two Tac (Anderson Lugão)
8. Concórdia (Nando Reis)
9. Computadores Fazem Arte (Fred 04)
1. Lata D'Água (Elza Soares)

2007
BEBA-ME
ELZA SOARES AO VIVO

Sello: Biscoito Fino BF 806
Grabado en vivo en el
Sesc Vila Mariana, São Paulo,
marzo de 2007

1. Meu Guri (Chico Buarque)
2. Beija-me (Roberto Martins, Mário Rossi)
3. Estatutos de Gafieira (Billy Blanco)
4. O Neguinho E A Senhorita (Noel Rosa de Oliveira, Abelardo da Silva)
5. Pra Que Discutir Com Madame (Haroldo Barbosa, Janet de Almeida)
6. Exagero (Elza Soares, Glaucus Xavier)
7. Dor de Cotovelo (Caetano Veloso)
8. Pranto Livre (Dida, Everaldo da Viola)
9. Palmas No Portão (Walter Dionisio, D'Acri Luis)
10. Lata D'Água (Luiz Antônio, Jota Júnior)
11. Teleco-Teco (Murilo Caldas, Marino Pinto)
12. Cartão de Visita (Edgardo Luis, Nilton Pereira de Castro)
13. Teleco-teco Nº 2 (Nelsinho, Oldemar Magalhães)
14. Malandro (Jorge Aragão, Jotabê)
15. Rap da Felicidade (Julinho Rasta, Kátia)

2015
A MULHER DO FIM DO MUNDO

Sello: Circus CPF 017
Productor: Guilherme Kastrup

LADO A
1. Coração do Mar (José Miguel Wisnik, Oswald de Andrade)
2. A Mulher do Fim do Mundo (Rômulo Fróes, Alice Coutinho)
3. Maria da Vila Matilde (Douglas Germano)
4. Luz Vermelha (Kiko Dinucci, Clima)
5. Pra Fuder (Kiko Dinucci)
6. Firmeza?! (Rodrigo Campos) Participação: Rodrigo Campos

LADO B
1. Benedita (Celso Sim, Pepê Mata Machado, Joana Barossi, Fernanda Diamant) Participação: Celso Sim
2. Dança (Rômulo Fróes, Cacá Machado) Participação: Rômulo Fróes
3. O Canal (Rodrigo Campos)
4. Solto (Marcelo Cabral, Clima)
5. Comigo (Rômulo Fróes, Alberto Tassinari)

2018
DEUS É MULHER

Sello: Deckdisc 22267-2
Productor: Guilherme Kastrup

1. O Que Se Cala (Douglas Germano)
2. Exu Nas Escolas (Kiko Dinucci, Edgar) Participação: Edgar
3. Banho (Tulipa Ruiz)
4. Eu Quero Comer Você (Rômulo Fróes, Alice Coutinho)
5. Língua Solta (Rômulo Fróes, Alice Coutinho)
6. Hienas Na TV (Kiko Dinucci, Clima)
7. Clareza (Rodrigo Campos)
8. Um Olho Aberto (Mariá Portugal)
9. Credo (Douglas Germano)
10. Dentro de Cada Um (Luciano Mello, Pedro Loureiro)
Participação: Bloco Afro Ilú Obá De Min
11. Deus Há De Ser (Pedro Luís)

2019
PLANETA FOME

Sello: Deckdisc
Productor: Rafael Ramos

1. Libertação (Russo Passapusso)
Participação: BaianaSystem e Virgínia Rodrigues
2. Menino (Elza Soares)
3. Brasis (Gabriel Moura, Seu Jorge, Jovi Joviniano)
4. Blá Blá Blá (Pedro Loureiro)
Participação: BNegão e Pedro Loureiro
5. Comportamento Geral (Gonzaguinha)
6. Tradição (Sérgio Britto, Paulo Miklos)
7. Lírio Rosa (Luciano Mello, Pedro Loureiro)
8. Não Tá Mais de Graça (Rafael Mike)
Participação: Rafael Mike
9. País do Sonho (Chapinha da Vela, Carlinhos Palhano)
10. Pequena Memória Para Um Tempo Sem Memória (A Legião dos Esquecidos)
(Gonzaguinha)
1. Virei o Jogo (Pedro Luís)
12. Não Recomendado (Caio Prado)

2021
ELZA SOARES
& JOÃO DE AQUINO

Sello: Deckdisc
*Grabado en una sesión en
Estúdio Haras, en una noche de ensa-
yos y jam sessions, en 1997*

1. Drão (Gilberto Gil)
2. Canário Da Terra (João de Aquino, Aldir Blanc)
3. Hoje (Taiguara)
4. Devagar Com a Louça (Haroldo Barbosa, Luiz Reis)
5. Super-Homem (A Canção) (Gilberto Gil)
6. Antonico (Ismael Silva)
7. Meu Guri (Chico Buarque)
8. Mambo da Cantareira (Barbosa da Silva, Eloide Warthon)
9. Juventude Transviada (Luiz Melodia)
10. Eu Sonhei Que Tu Estavas Tão Linda (Lamartine Babo, Francisco Matoso)
11. Que Maravilha (Jorge Ben Jor, Toquinho)
12. Como Uma Onda (Zen Surfismo) (Lulu Santos, Nelson Motta)
13. Cartão de Visita (Edgardo Luis, Nilton Pereira de Castro)

Made in the USA
Monee, IL
07 July 2026

56553666R00095